Lilo – Glück kann man schnuppern

Inés Garland, geboren in Argentinien, arbeitet als Journalistin und Übersetzerin, als Dozentin für Kreatives Schreiben und als Autorin. Für ihre Bücher hat sie zahlreiche Preise erhalten, unter anderem den Deutschen Jugendliteraturpreis als erste spanischsprachige Autorin. Ihr Kinderbuch »Lilo« wurde von der Internationalen Jugendbibliothek München auf die Empfehlungsliste »The White Ravens« gesetzt. Inés Garland lebt in Buenos Aires.

Maite Mutuberria wurde 1985 in Eltzaburu in Spanien geboren und studierte Audiovisuelle Kommunikation und Illustration in Madrid. Seitdem hat sie mehrere Kinder- und Jugendbücher illustriert, für die sie mit dem Lazarillo-Preis und dem Ricardo-Arregi-Preis ausgezeichnet wurde.

Ilse Layer hat nach dem Studium der Germanistik, Romanistik und Lateinamerikanistik im Kulturbereich und im Verlag gearbeitet, bis sie sich als Literaturübersetzerin selbstständig gemacht hat. Für ihre Übersetzungen hat sie mehrere Auszeichnungen und Preise erhalten, unter anderem den Deutschen Jugendliteraturpreis.

Mehr über unsere Bücher, Autor*innen und Illustrator*innen auf:
www.thienemann.de

Inés Garland

Lilo

Glück kann man schnuppern

Aus dem argentinischen Spanisch
von Ilse Layer

Mit Bildern
von Maite Mutuberria

Thienemann

Für Victoriano, Ítalo und Antonio,
meine kleinen Lieblinge

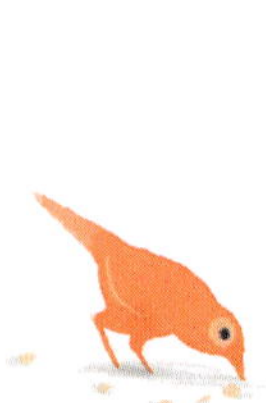

1

Viele Leute bekommen es gar nicht mit, wenn ein Hund lächelt. Darum gibt's hier auch kein Foto von mir, auf dem ich lächle. Auf dem einzigen Lächelfoto, das mir gefällt, bin ich außerdem noch ein Welpe. Wie ich jetzt aussehe, wüsste man also trotzdem nicht.

Als Welpe war ich schön, später dann nicht mehr. So ist es nun mal. Aber ich habe ein Problem damit, und auf einem aktuellen Foto wäre dieses Problem offensichtlich. Ich meine ein Foto meines ganzen Körpers. Wäre nur mein Kopf zu sehen, würdet ihr sagen: *So ein schöner Hund!* Die sich mit Hunderassen auskennen, würden sagen: *So ein schöner Schäferhund! Oder: So ein schöner Polizeihund!* Und die anderen würden einfach nur sagen: *So ein schöner Hund! Mit goldenem Gesicht.*

Natürlich nicht golden wie aus funkelndem Gold. Ich sage bloß golden, damit ich nicht beige sagen muss, weil mir der Name dieser Farbe nicht gefällt, oder gelb, was es auch nicht richtig trifft. Jetzt hab ich's! Honigfarben. Schwarz mit honigfarbenem Gesicht.

Mein Gesicht passt zu mir. Glaube ich jedenfalls. Aber wenn ich euch ein Ganzkörperfoto zeigen würde, würde niemand mehr sagen: *So ein schöner Hund!*

Und warum nicht? Das ist mir total peinlich. Ich erzähle euch lieber ein bisschen später von dem Problem, das ich mit dem Rest von mir habe.

Meine Besitzer finden mich trotzdem schön. Sie sagen immer: *Lilo ist trotzdem schön.* Das sagen sie, weil sie mich lieb haben, dabei bin ich nicht trotzdem schön, sondern ziemlich hässlich. Richtig hässlich.

Vom Hals aufwärts bin ich schön, nein, vom Rücken aufwärts bin ich schön, denn an meinem Hals gibt es nichts auszusetzen.

Ich bin dreizehn oder vierzehn, so alt wie ein jun-

ger Mensch also. Genau weiß ich es nicht, weil mir nicht klar ist, wie man das Alter von Hunden in Menschenjahre umrechnet.

Dafür weiß ich, wie Menschen in dem Alter sind: Mein Frauchen Emi ist nämlich gerade elf geworden. Und ich beobachte junge Menschen, wenn sie an unserem Vorgarten vorbeilaufen oder im Park spielen. Klar ist ein Dreizehnjähriger nicht dasselbe wie ein Vierzehnjähriger, aber wenn man sieht, wie sie sich verhalten, passt das ungefähr zu meinem eigenen Alter. Wobei junge Menschen alle unterschiedlich und trotzdem gleich sind.

Muriel kommt jeden Morgen mit ihrem Herrchen den Gehweg entlang und hält nach mir Ausschau, aber durch den Gitterzaun sieht sie nur mein Gesicht. Darauf achte ich sehr und drücke mich an die Mauer, damit mein Körper verdeckt ist.

Wenn sie den Kopf durchs Gitter stecken will, zerrt ihr Herrchen an der Leine. So kommen wir wunderbar zurecht und bellen uns an, ich mit dem Kopf am Gitter und dem Rest hinter der Mauer, sie mit zur Seite gedrehtem Kopf, weil das Herrchen an ihr zieht, damit sie mich nicht anbellt.

Ich will ja nicht angeben, aber ich bin mir fast sicher, dass ich ihr gefalle. Weil sie nur mein Gesicht sieht, klar. Und das Problem ist: Jetzt habe ich Angst, in den Park zu gehen. Nicht dass Muriel genau dann die Straße entlangkommt oder ebenfalls in den Park geht und mich vollständig sieht und ich ihr dann nicht mehr gefalle!

Eigentlich finde ich den Park toll, doch jetzt stemme ich die Beine in den Boden und meine Besitzer müssen mich hinzerren, und bei der ersten

Gelegenheit flitze ich um einen Baum herum, meistens um die Linde vor unserem Zaun. Aber mein Herrchen Héctor ist entschlossener als ich, wickelt die Leine ab und schleift mich weiter bis in den Park. Er macht sich Sorgen. Außerdem ist er alt und wird schnell müde. Manchmal schnauft er laut, wenn er mich von dem Baum befreit. Dann lasse ich ihn machen, ich will ja nicht, dass es ihm schlecht geht.

Neulich hat er einem Freund, einem Rentner wie er selbst, erzählt, ich würde mich seltsam verhalten. Ich würde nicht mehr gern in den Park gehen, dabei habe es mir dort immer so gut gefallen.

Ich hätte ihm gern erklärt, dass der Park nach dem Strand der schönste Ort auf der Welt ist und dass das Problem ein anderes ist. Das habe ich ihm dann auch vorgejault, aber da hat er mich erst recht für verrückt gehalten.

»Total verrückt«, hat sein Freund bestätigt.

Und dann haben mich die beiden zutiefst besorgt betrachtet.

»Geh mal mit ihm zum Tierarzt.«

Ausgerechnet zum Tierarzt! Der hat mich damals, als ich größer wurde, als Erster ausgelacht.

»Leider wird er so bleiben. Er ist nicht reinrassig«, hat der Tierarzt zu meinem Herrchen gesagt.

Ich war noch jung und hatte keine Ahnung, was *reinrassig* oder *nicht reinrassig* heißen sollte, aber der Tierarzt hat gelacht und dann so getan, als müsste er husten, um sein Lachen zu überspielen. Das ist mir nicht entgangen. Und meinem Herrchen auch nicht.

»Aber er hat einen schönen Kopf«, hat mein Herrchen gesagt.

»Wunderschön«, hat der Tierarzt bestätigt, aber mit den Augen hat er immer noch gelacht.

Da möchte ich anfangen. Ich möchte von mir erzählen, als ich ein Welpe war, und von mir, wie ich jetzt bin, und von Muriel und vom Park und allem anderen.

2

Heute ist etwas Schreckliches passiert.

Es war die übliche Zeit von Muriels Spaziergang. Als Muriel vorbeikam, habe ich mich halb hinter der Mauer versteckt, sie hat an der Leine gezerrt, ihr Herrchen hat an der Leine gezerrt. Wir haben uns angebellt, uns angeschaut, und mir kam es vor, als hätte Muriel beim Bellen gelächelt. Auf keinen Fall war ihr Gebell wütend. Ich hatte sogar den Eindruck, dass ich ihr gefalle. Oder mein Gebell oder mein Gesicht oder mein Geruch oder irgendwas sonst.

Da wurden wir plötzlich von einem ganzen Chor aus Gebell unterbrochen. Muriel wurde von ihrem Herrchen auf die Straße gezerrt, denn auf dem Gehweg kam ein Mann entlang, den ich noch nie gesehen hatte. Er führte viele Hunde gleichzeitig Gassi, die bestimmt nicht seine eigenen waren.

Allen voran stürmte ein reinrassiger Schäferhund, so selbstbewusst, als würden die anderen seiner Schönheit hinterherlaufen. So einer, der genau weiß, dass er reinrassig ist. Das mussten ihm nicht nur alle Tierärzte der Welt gesagt haben, sondern auch seine Besitzer, die Menschen im Park, Hündinnen aller Größen und Farben und sogar Katzen, denn er rauschte heran wie ein Schiff.

Das sagt mein Frauchen Ava immer: *Er rauscht heran wie ein Schiff.* Oder sagt sie *wie ein Chef?*

Jedenfalls setzte er mit geschwellter Brust eine Pfote vor die andere wie auf einer Hundeschau, den Kopf erhoben, den Blick geradeaus, die Ohren gespitzt. Sein Gesicht war ähnlich gefärbt wie meins. Beige und schwarz.

Ja, bei ihm sage ich mit voller Absicht beige! Ich habe ihn nämlich auf Anhieb gehasst – abgrundtief gehasst.

Obwohl ... eigentlich stimmt das nicht. In Wahrheit habe ich ihn beneidet. Er war so was von ... Nein, er ist so was von ...

Muriel stand mit offenem Maul da, aber er hat sie nicht mal angeschaut. Der Anblick war kaum auszuhalten: Deine Freundin, die gar nicht deine Freundin ist, die du aber gern zur Freundin hättest, ist hin und weg von einem anderen, der zufällig vorbeikommt und – ich geb's zu – schön ist. Wunderschön, ein richtiges Prachtexemplar. Stark, entschlossen, groß, dir selbst in allem überlegen.

Na ja, vielleicht übertreibe ich.

Ava würde über mich sagen: *Er hat was.* Das sagt sie von allen Menschen und Hunden und allem anderen, sogar von Blumen, als gäbe es für sie nichts wirklich Hässliches. Und wenn jemand zu ihr sagt, dass irgendwer wunderschön ist, erwidert sie: *Bestimmt hat er eine Kehrseite.* Für Kehrseiten hat Ava etwas übrig. Sie denkt immer gut über alle und hat viel Verständnis, trotzdem ist sie überzeugt, dass jeder eine Kehrseite hat. Also eine Rückseite, die nicht zur schönen Vorderseite passt.

Ich wüsste zu gern, was bei dem Schäferhund von heute die Kehrseite ist.

Ist er wunderschön, aber bösartig? Ist er wunderschön, aber eingebildet und kein guter Freund?

Nein. Das denke ich bloß, weil ich neidisch bin.

Vielleicht ist er wunderschön und dazu ein guter Freund und kann außerdem ganz schnell rennen und ist seinem Herrchen treu ergeben. Vielleicht hat er keine Kehrseite.

Ich selbst bin hässlich. Bei mir stimmen die Proportionen nicht, und das lässt sich nicht ändern. Deswegen kann ich auf gar keinen Fall hinter der Mauer vorkommen, wenn Muriel da ist. Und jetzt will ich mich nur noch in meiner Ecke zusammenrollen.

3

»Ich will nicht in den Park!«, brüllte Emi am Samstag, als ich in ihr Zimmer kam.

Sie brüllte richtig laut, ohne den Blick vom Bildschirm ihres Computers abzuwenden.

»Sieh mich an, wenn ich mit dir rede, Schatz«, mahnte Ava.

»Ich will nicht in den Park, Oma«, wiederholte Emi.

»Sieh mich an. Warum willst du denn nicht in den Park?«

»Darum. Ich chatte gerade mit Clara.«

»Und warum fragst du Clara nicht, ob sie auch in den Park kommt? Wir können sie abholen.«

»Chatten reicht mir.«

»Möchtest du sie nicht lieber richtig sehen?«

»Nein.«

»Aber das ist doch kein richtiges Treffen.«

Dazu sagte Emi nichts und machte weiter *klack klackklack* mit den Tasten.

Ich dachte schon, Ava würde nachgeben. Wir Hunde können so was im Voraus spüren. Ava spannte sich an, als wollte sie gleich aus dem Zimmer gehen. Dann setzte sie sich in Bewegung. Ich lief zur Tür, um vor ihr dort zu sein – es macht Spaß, noch schnell vor einem Menschen hinauszuschlüpfen –, aber dann überlegte sie es sich anders.

»Wir gehen in den Park! Und zwar jetzt sofort. Sag Clara Bescheid, dann holen wir sie ab.«

In Avas Tonfall schwang etwas mit, das Emi auch gehört haben musste. Sie schnaubte nämlich wie ein Pferd, stieß beim Aufstehen den Stuhl um, sodass er gegen die Wand krachte, hämmerte mit beiden Fäusten auf den Tisch und stampfte mit den Füßen auf – alles gleichzeitig. Nur um klarzustellen, dass sie immer noch nicht in den Park wollte. Wir gingen aber trotzdem hin.

Unter diesen Umständen wollte ich nicht auch noch mein Theater mit der Linde abziehen, also war ich ganz zahm und betete stumm, dass Muriel nicht im Park war. Bitte nicht, bitte nicht, bitte nicht, bittenichtbittenichtbittenicht. So ging das Gebet.

Muriel war tatsächlich nicht da, dafür aber der Gassimann, und dann bellten mich zweihundert Hunde gleichzeitig an.

Ohne auf mein gesträubtes Nackenfell zu achten, kam der Schäferhund mit aufgestellter Rute und gespitzten Ohren auf mich zugelaufen. Allerdings nicht angriffslustig, das muss ich zugeben. Er ist also nicht *wunderschön, aber angriffslustig*.

»So ein schöner Hund!«, sagte Emi.

»Wunderschön«, sagte Clara.

Ich hätte mich am liebsten im Springbrunnen ertränkt.

Er heißt Leo.

4

Ich war vier Wochen alt, als mich Emi am Tor ihrer Kita ausgesucht hat und ich zu Héctor und Ava kam. Das ist sehr früh. Eigentlich trennt man Welpen erst nach neun Wochen von der Mutter, aber der Besitzer meiner Mutter wollte uns aus dem Haus haben. Ava hat es oft erzählt: Er war sauer, dass sich seine reinrassige Schäferhündin mit einem Hund gepaart hatte, der kein Schäferhund war.

Der Besitzer meiner Mutter wohnt in unserem Viertel, aber ich habe ihn noch nie gesehen. Genauso wenig wie meine Mutter. Na ja, schon, als ich zur Welt kam und dann vier Wochen lang, wobei ich kaum noch Erinnerungen an diese Zeit habe: wie meine Geschwister über mich kullerten, während wir an den Zitzen unserer Mutter tranken, wie mir einer von ihnen die Pfote ins Auge drückte, das ich zum Glück geschlossen hatte, wie mir eine andere meine Zitze wegschnappen wollte, die ich aber nicht losließ.

Ich weiß auch noch, wie ich in der Luft baumelte, weil meine Mutter aufstand, obwohl ich weitertrinken wollte. An ihr zu hängen und ein Stück mitgeschleppt zu werden, gefiel mir.

Das mache ich jetzt auch, wenn Héctor mit mir spielt. Ich hänge mich an das Stöckchen und lasse nicht los, und er schüttelt das Stöckchen so lange, bis ich schließlich doch loslasse. In der Luft zu hängen ist herrlich, auch wenn mir hinterher die Zähne wehtun.

Weil ich nach meiner Geburt alles verschwommen gesehen habe, erinnere ich mich eher an Gerüche und Geräusche aus meinen ersten Lebenstagen. Das Gewinsel meiner Geschwister ging mir manchmal auf die Nerven. Dabei habe ich selbst liebend gern gewinselt. Wenn man etwas haben will, wirkt Winseln Wunder.

Ich weiß auch noch, wie mich meine Mutter ab-

geleckt hat, die Augenlider, die Stirn und den ganzen Kopf, und wie ich hoch in der Luft baumelte – wenn sie mich nämlich irgendwo anders hinbringen wollte, hat sie mich im Genick gepackt und hochgehoben.

Ich erinnere mich noch daran, wie ich meine ersten Schritte gemacht habe auf Pfoten, die sich wabbelig anfühlten wie Schwämme. An das eingeschaltete Radio in der Küche erinnere ich mich auch noch, und an die langen Beine eines Mannes, der immer hin- und herging, und wehe, man kam ihm in die Quere, dann schob er einem den Fuß unter den Bauch und schleuderte einen durch die Luft. *Wumm* machte es, wenn man an die Wand klatschte. Das tat weh. Die Worte verstand ich noch nicht, aber der Ton des Mannes war unfreundlich. Das war mir schon immer klar, auch wenn ich seine Stimme nur mit den Stimmen aus dem Radio vergleichen konnte.

Andere Stimmen als die blechernen aus dem Radio oder die unfreundliche des Besitzers meiner Mutter hörte ich zum ersten Mal am Tor von Emis Kita.

Vier Wochen nach unserer Geburt band uns der Besitzer meiner Mutter rosa und himmelblaue

Schleifen um, trug uns in einem Korb zur Kita und verschenkte uns. Und weil Emi in diese Kita ging und Emis Mutter auf gar keinen Fall einen Hund haben wollte, bin ich hier gelandet. Ich hatte ein Riesenglück, dass Emi ausgerechnet an dem Tag von ihren Großeltern abgeholt wurde und dass Emi ausgerechnet mich ausgesucht hat.

Die Kinder hoben uns mit lautem Geschrei hoch und knuddelten uns und küssten uns ab. Mit vier Wochen konnte ich schon sehen und die Gesichter waren ganz dicht vor meinem. Manche Kinder drückten mir die Nase an die Schnauze und sagten: *Ich will den hier, Mama, bittebittebitte.* Und von oben kamen die Stimmen der Mütter: *Nein, nein, heute nicht, vielleicht morgen, komm jetzt, wir haben schon einen Hund, wir haben schon eine Katze, wir haben schon einen Kanarienvogel, wir haben schon eine Schildkröte. Ich will aber deeeeen hier! Neeeeiin! Wir haben keinen Platz. Ein Hund riecht, wer geht mit ihm Gassi, am Ende bleibt es an mir hängen, ich habe Nein gesagt, und wenn ich Nein sage, meine ich es auch so!*

Avas Stimme klang ganz anders. Als hätte ich auf sie gewartet. Eine sanfte, ruhige Stimme, gleich nach

Emis Stimme, die gefragt hatte: *Können wir diesen hier mitnehmen, Oma Ava?* »Dieser hier« war ich. Und Emi drückte mich so fest an sich, dass ich kaum Luft bekam. Ich leckte ihr den Arm. Der Arm schmeckte süß und hatte weiche Härchen. *Er hat mich abgeleckt, Oma!,* rief Emi, und ich spürte an meinem Ohr, wie ihr Herz ganz schnell klopfte.

Und dann hörte ich zum ersten Mal Avas Stimme. Eine Stimme, die einen einhüllt und wärmt wie eine kuschelige Decke im Winter. Man wünscht sich, sie würde nie verstummen, denn Avas Stimme ist wie ein weicher Schlafplatz, ein warmes Eckchen, wo man sich unbesorgt zusammenrollen kann, weil man weiß: Solange diese Stimme in der Nähe ist, droht keine Gefahr.

5

Meine Hütte steht im Hof hinter dem Haus und das Polster auf dem Boden ist ganz hart vor Dreck, aber ich habe es ja auch schon von klein auf. Emis Mutter behauptet, es würde stinken. Ich mag meinen Geruch aber. Und ich liege gern darauf und denke an meine Welpenzeit zurück.

Wenn Ava damals das Polster in die Sonne gelegt hat, habe ich immer gespielt, das Polster wäre eine Insel und der Hof das Meer. In einem von Emis Büchern hatte ich ein Bild von einer Insel mitten in einem blauen Meer gesehen. Auf der Insel stand ein hoher, dünner Baum mit einem Haarbüschel an der Spitze. Wedel, ich weiß, das sind Wedel, aber es sah aus wie ein zerzaustes Fell, so als wäre es oben am

Ende des langen, dünnen Stammes sehr windig. Auf dem Meer bläst der Wind bestimmt viel stärker als da, wo wir wohnen, habe ich mir immer vorgestellt.

Ich kenne von allen Bäumen in unserem Viertel die Namen, weil Ava sie Emi beigebracht hat, als sie noch kleiner war, und Emi sie dann mir beigebracht hat. Aber wie der Baum auf der Insel heißt, weiß ich nicht.

Ava findet, man muss sich auskennen. Sie sagt, wenn alle Bäume einen Namen haben, freuen sie sich doch bestimmt, wenn wir ihn wissen. Stimmt schon. Sonst wäre es ja, als würden alle *Hund* zu mir sagen. Ich mag es ja auch, wenn man mich Lilo nennt.

Ich kenne einige Bäume: Eiche, Araukarie, Zedrachbaum, Lagerströmie (was kein Baum ist, sondern ein Busch, aber bei uns sind die Lagerströmien groß wie Bäume und im Sommer haben sie rosa, lila oder weiße Blüten), Jacaranda, Eukalyptus, Ulme, Ahorn, Ombubaum ...

Es gibt lange Namen, kurze Namen und welche, die schwer zu merken sind. Lagerströmie finde ich ziemlich schwer.

Manche Namen eignen sich gut zum Reimen, andere nicht. Emi hat sich früher oft Reime ausgedacht. Sie hat alles Mögliche gemacht, aber jetzt spielt sie fast gar nicht mehr – nur noch mit ihrem Handy und dem Computer. Emis Haustier ist jetzt ihr Handy, und ich langweile mich.

Neulich hat sie geweint wegen irgendwas, das sie im Handy gesehen hat. Als Ava reinkam, hat sich Emi schnell das Gesicht abgewischt und Ava hat nichts gemerkt, ich aber schon.

Ich mag es gar nicht, wenn Emi weint. Am liebsten würde ich laut heulen, weil ich dann so was Hartes im Hals habe, das nur weggeht, wenn ich heule oder belle. Aber Emi kann es nicht leiden, wenn ich viel heule oder belle, also weiß ich nicht, wie ich das dicke Ding im Hals wieder loswerden soll.

Als Emi noch klein war, kam sie andauernd in den Hof, hat sich neben meiner Insel ins Meer gelegt und mit mir geschmust. Sie wollte immer wissen, wo ich bin, und konnte eine ganze Stunde lang für mich Stöckchen werfen. Sie hat mich an den Hinterpfoten genommen und Schubkarre gespielt, sie hat mir die Kleider ihrer Puppen angezogen, dazu Schleifen um Hals und Rute, hat mir eine Wollmütze aufgesetzt und einmal sogar eins ihrer Höschen über den Kopf gezogen, sodass die Ohren da rausschauten, wo eigentlich die Beine reinkommen. Sie hat mich an den Vorderpfoten genommen und dazu gebracht, als Dame verkleidet auf zwei Beinen zu gehen.

Sie hat sich lauter verschiedene Namen für mich ausgedacht. Ich durfte zu ihr in die Badewanne, und wenn sie im Winter bei ihren Großeltern übernachtet hat, hat sie die Decke angehoben, damit ich zu ihr ins Bett komme. Sie hat mich im Garten mit Shampoo gewaschen und mich gekämmt.

Emi hat mir keine Sekunde Ruhe gelassen, aber ich habe alles mitgemacht, weil ich sie unendlich lieb hatte, bis zu den Sternen und zurück, und weil sie mich damals ausgesucht hat und Ava uns mit leuchtenden Augen zugeschaut hat.

Was jetzt mit Emi los ist, weiß ich nicht. Nach der Sache neulich hat sie noch mal geweint, und es

scheint immer mit dem Handy zu tun zu haben. Am liebsten würde ich ihr das Ding aus der Hand reißen, aber dann wird sie böse auf mich, und das will ich nicht.

6

In der Zeit, in der mir Héctor die Leine anlegt, kann Leo ans andere Ende des Parks sausen und zurück. Er flitzt die Stufen zur Rutsche hoch und springt runter, bevor ihn jemand aufhalten kann. Wenn der Gassimann das Stöckchen hochhält, springt Leo höher als alle anderen. Er kann Emi und Clara das Frisbee im Flug wegschnappen.

Leo hat keine Kehrseite. Ich dagegen: sympathisch, aber kann nicht hoch springen, ein lieber Kerl, aber ein Zwerg, ein schönes Gesicht, aber langsam, ein empfindsames Wesen, aber ungeschickt. Und so weiter. Damit will ich sagen, dass Leo ein echter Wunderhund ist. Er ist nicht eingebildet und auch nicht nervig oder abstoßend. Das einzig Blöde an ihm ist, dass er alles so gut macht. Ich wäre begeistert gewesen, wenn er sich als Ekel entpuppt hätte. Aber er ist jemand, mit dem man gern befreundet wäre, das gebe ich offen zu.

An dem Nachmittag im Park hat Emi ihn hinter den Ohren gekrault. Da fühlte ich mich, als hätte sich eine Zecke in mein Herz gekrallt, um mir alles Blut auszusaugen. Ich habe mich auf die Hinterpfoten gesetzt und einmal kläglich gekläfft.

Ava hat mich getätschelt. »Du musst Lilo streicheln, sonst wird er eifersüchtig«, hat sie zu Emi gesagt.

Sonst wird er eifersüchtig? Am liebsten hätte ich Leo das Ohr abgerissen!

Leo schien das zu spüren, denn er flitzte quer durch den Park und wieder zurück, duckte sich vor mich mit ausgestreckten Vorderläufen, sprang in die Luft wie ein Welpe und wedelte bellend mit dem Schwanz. Soll heißen, er forderte mich auf, mit ihm zu spielen. Da konnte ich nicht Nein sagen.

Noch nie bin ich so schnell gerannt wie mit ihm, glaube ich. Abends war ich so müde, dass ich mich zum Fressen hinlegen musste. Ava hat Héctor

erzählt, ich hätte einen neuen Freund. Ich hätte die ganze Zeit mit ihm gespielt und sei viel gelaufen und hätte lauter neue Sachen gemacht. Dann hat sie über Emi geredet. Sie war besorgt.

»Ich konnte nicht alles hören, was sie mit Clara besprochen hat, aber einiges habe ich aufgeschnappt. Es hat mit den Nachrichten zu tun, die sich die Kinder aufs Handy schicken. Emi hat schon ein paarmal heimlich geweint.«

Dann merkt Ava also auch etwas! Ich wollte weiter zuhören, aber mir sind die Augen zugefallen. Ich hörte einzelne Wörter, schlief ein, wachte auf, hörte wieder ein paar Wörter, konnte mir aber keinen Reim drauf machen.

Bevor ich endgültig einschlief, hörte ich noch: *Lilo und Leo sind jetzt Freunde.*

Lilo und Leo liefen zum Fluss. Lilo ist ertrunken. Wer hat gewunken? Nein. Lilo ist nicht ertrunken. Leo und Lilo: so viele Ls.

7

Angst riecht nach Hefe. Wir Hunde wissen das. Man hat das Gefühl, das, was einem Angst macht, ist riesengroß und man selbst ganz klein. Dagegen hilft nur, wütend zu werden, denn dann wirkt man größer. Vögel plustern das Gefieder auf, Katzen (auch Wildkatzen, Luchse, Löwen, Leoparden, Pumas, Panther, Tiger) und Hunde (Wölfe, Dingos, Füchse, Kojoten, Schakale, alle!) sträuben das Fell.

Was machen wohl Krokodile, Nashörner, Elefanten, Nilpferde und alle anderen Tiere, wenn sie Angst haben? Das wüsste ich gern.

Menschen ballen die Fäuste und plustern sich auf wie Vögel, obwohl sie kein Gefieder haben, und sie machen einen Buckel wie Katzen und stemmen sich in den Boden wie wir Hunde. Es folgen Gestampfe, Schimpfwörter und Geschrei. In solchen Momenten knurren wir sie an, fletschen die Zähne oder gehen auf sie los. Wenn ihre Angst mit unserer Angst zusammenprallt, passieren schlimme Dinge.

Im Park gibt es ein Mädchen, das immer Angst hat. Sie kommt nie zu uns, sondern sitzt am Zaun vor den Bahngleisen, als wollte sie sich verstecken. Aber sie versteckt sich nicht, sie beobachtet nur alles. Mit so großen Augen, als würde sie überhaupt nie blinzeln.

Heute im Park habe ich sie Leo gezeigt und etwas über Angst gesagt. Da wurde er ganz komisch. Leo ist kein Hund, der viel nachdenkt. Er wollte nicht darüber reden und ist stattdessen im Kreis um die Schaukeln herumgesaust, bis mir schwindlig wurde.

Es fällt mir im Park immer schwer, mich ganz und gar aufs Spielen mit Leo zu konzentrieren. Schließlich könnte jederzeit Muriel vorbeikommen. Und dann? Glaube ich im Ernst, ich könnte wegrennen, bevor sie mich erkennt?

Aber seit ich mit Leo befreundet bin, will ich trotzdem immer in den Park. Ich hoffe einfach jedes Mal, dass Muriel nicht kommt. Ich sehe sie jeden Morgen

am Zaun und wir bellen uns an. Gestern hat ihr Herrchen sie am Zaun schnuppern lassen und ich habe ihr verliebte Blicke zugeworfen, ohne ganz hinter meiner Mauer vorzukommen. Also alles bestens, und in den Park geht sie anscheinend nicht. Ein Glück!

Zurück zu dem Mädchen – den Hefegeruch ihrer Angst riecht man schon von Weitem. Sie hat immer ein Handy dabei. Manchmal schaut sie drauf, dann blickt sie wieder hoch und beobachtet die anderen. Mit großen Augen. Ich glaube, heute hat sie Emi beobachtet. Manchmal beobachtet sie aber auch mich. Und manchmal riecht sie außerdem nach vergammelter Zitrone.

Ava und ich hatten Emi von der Schule abgeholt und sind mit ihr in den Park gegangen, obwohl sie nicht wollte. Nachher war sie doch froh, aber Ava musste ihr das Handy wegnehmen, sonst hätte Emi die ganze Zeit Nachrichten geschrieben und gelesen.

Heute hat auch Emi ganz stark nach Hefe gerochen, als sie auf ihrem Handy herumgetippt hat. Wovor hat sie Angst?

Als Ava das Handy einkassiert hat, hat Emi die Arme verschränkt und gesagt, sie will es zurück.

Aber Ava ist dickköpfig. Ich glaube, sie hat sich vorgenommen, jeden Tag mit Emi in den Park zu gehen, damit sie auf andere Gedanken kommt.

Im Park sind viele junge Menschen. Manche sind etwas älter als Emi. Sie singen um die Wette, sind schwarz angezogen, haben grüne oder lila Haare und machen mit Schultern und Armen Bewegungen, als würden sie um sich schlagen. Sie bleiben auf der Stelle stehen und bewegen sich hoch und runter wie Kolben, sie schlagen sich mit der Faust in die flache Hand. Dabei stoßen sie alle möglichen Laute aus, die keine Wörter sind: *tschchcht, kchch, puh, tsss, tsss, kchch*. Ich finde das lustig.

Dann gibt es noch kleine Kinder mit ihren Müttern und viele alte Rentner, mehr Frauen als Männer. Sie unterhalten sich, geben dabei aber auf die kleinen Kinder acht und wissen genau, welches Kind zu welcher Mutter gehört – als wären sie durch ein Band verbunden, das nur sie sehen. Manchmal richten sie den Blick aber auch auf etwas, das weit weg ist, vielleicht einen anderen Park oder andere Kinder oder ein anderes Land. Als würden sie in Gedanken verreisen, während sie die ganze Zeit ruhig auf ihrer

Bank sitzen. Ava kennt und begrüßt sie und fragt sie nach Menschen und Ereignissen aus ihrem Leben. Ihr fällt immer jede Menge ein, was sie mit den Rentnern besprechen kann.

Heute saß Emi mit verschränkten Armen und grimmiger Miene da. Ava tat, als würde sie nichts merken, und bot ihr ein belegtes Brötchen an, Pfirsiche, Wasser. Vergeblich. Emi war bockig. Wenn sie so ist, sagt Ava immer: »Du bist stur wie ein Hund.« Keine Ahnung, was wir Hunde damit zu tun haben.

Plötzlich tauchten sechs von Emis Mitschülern auf. Drei fingen an, Fußball zu spielen, und der eine, Manuel, forderte sie auf mitzuspielen. Emi liebt Fußball. Die anderen waren nicht begeistert, dass ein Mädchen dazukam, aber weil sie wissen, dass Emi gut spielt, fanden sie es dann doch okay.

Das Mädchen, das nach Hefe und gammliger Zitrone riecht, stand auf und ging weg. Sie sah wütend aus. Im Gehen tippte sie in ihr Handy. Sie schrieb und hob den Kopf, drehte sich um und starrte Emi an. Ich hätte schwören können, dass sie auch mich ansah, bevor sie um die Ecke bog, aber sie war schon ziemlich weit weg und ich bin nicht ganz sicher.

Das alles habe ich beobachtet, während Leo mich anbellte, damit ich hinter ihm her um die Schaukeln flitze. Als das Mädchen weg war, spielte Leo aber schon mit einem gestromten Boxer, der viel schneller war als ich, dafür aber ziemlich unsympathisch aussah. Weil er sabberte.

Der Boxer heißt Armando. Man kann gut mit ihm spielen, aber vor seinem Sabber ekle ich mich ein bisschen. Wenn wir die Köpfe zusammenstecken, um die Spielregeln abzusprechen, muss man aufpassen, dass einem kein Sabber auf die Pfote fällt. Und wenn wir uns anschließend zum Ausruhen ins Gras legen, bleiben Grasfitzel und Erde an seinem Sabber kleben. Das stört ihn nicht, im Gegenteil, er macht sich gern dreckig.

Dafür ist Armando witzig. Er hat dieses unsympathische Gesicht, und wenn er dann plötzlich einen seiner Witze macht, müssen wir alle lachen.

8

Emis Eltern sind verreist und jetzt wohnt sie bei uns. Der erste Nachmittag war schwierig. Ava hat Emi gesagt, wann sie den Computer und das Handy benutzen darf, und da haben sie sich gestritten. Emi hat rumgeschrien und Ava ist richtig böse geworden. Ava schreit nie, aber heute hat ihre Stimme hart geklungen, wie ein großer Knochen. An ihrer Stimme hätte sich jeder Hund die Zähne ausgebissen.

Emi ist in den Garten gerannt und hat die Tür hinter sich zugeschlagen. Sie hat gerufen: »Ich hab dich nicht mehr lieb!«, und hat dann die Tür geknallt.

Ava hat tief geseufzt und sich an den Tisch gesetzt, um Kartoffeln fürs Essen zu schälen. Da habe ich ihr den Kopf auf die Knie gelegt.

»Willst du auch raus, Lilo?«, hat sie gefragt und hat mir die Tür aufgemacht. Ich wäre gern bei ihr geblieben, hatte aber das Gefühl, dass sie allein sein wollte.

Héctor saß im Garten auf einem Metallstuhl und malte die Töpfervögel, die gerade auf dem Fenstersims von Emis Zimmer ihr Lehmhäuschen bauen. Er zeichnet sie immer erst mit Bleistift in sein Heft und malt später mit Wasserfarben drüber.

Kurz darauf stakste Emi steifbeinig wie eine Playmobil-Figur an der Gartenmauer entlang und schlug mit einem Stock dagegen. Wenn Emi wütend ist, muss sie sich immer bewegen. Als sie zum Zaun kam, machten die Gitterstäbe *klingklang, klingklang, klingklang* – einmal, zweimal, dreimal, viermal, insgesamt zehnmal –, und dann schlug sie wieder gegen die Mauer auf dem schmalen Weg bis zum Haus. Sie lief an der Hauswand weiter und unter dem Fenster vorbei, bis sie wieder an der Mauer war. So kam sie immer wieder an Héctor vorbei, der die ganze Zeit malte. Wenn Héctor malt, kann ein Nilpferd an ihm vorbeitraben, ohne dass es ihm auffällt.

Ich bin mit einem Stöckchen im Maul zu Emi gerannt und dreimal um sie rumgeflitzt, damit sie mich beachtet, aber sie ist weitergestakst. Dabei hat sie mich gesehen und gemerkt, dass ich mit ihr spielen will, aber Héctor sollte mitkriegen, wie wütend sie war. Da ließ ich mein Stöckchen fallen und bellte sie an. Kläffend lief ich hinter ihr her und wollte sie in die Fersen zwicken.

Plötzlich drehte sie sich um und riss drohend ihren Stock hoch.

»Wehe, du schlägst Lilo!«, sagte Héctor, dabei hätte ich schwören können, dass er nichts mitbekommen hatte! Menschen überraschen einen doch immer wieder.

»Er schnappt nach mir!« Emis Stimme klang wie früher, wenn sie ausgeschimpft wurde.

»Er will bloß spielen«, sagte Héctor.

»Ich aber nicht!«, rief Emi.

»Ich schon!«, bellte ich, aber die beiden verstanden mich nicht.

»Bist du wegen irgendwas sauer?«, fragte Héctor.

Da blieb Emi endlich stehen. Héctor stand auf, legte Heft und Bleistift auf den Stuhl, alles ganz bedächtig, wie es seine Art ist, ging zu Emi und nahm sie an der Hand. Dann wanderten beide um den Gar-

ten herum, als würden sie spazieren gehen. So habe ich sie schon oft erlebt. Im Gehen kann Emi besser reden. Ich schloss mich ihnen an und wir drehten ein paar Runden.

Nach der ersten Runde, bei der beide keinen Ton sagten, fragte Héctor Emi wieder, was los sei. Wenn Héctor so im Gehen mit ihr spricht, fällt die Starre von Emi ab. Sie seufzt dann ein paarmal hintereinander, als müsste sie Luft ablassen. Als sie noch kleiner war, hat es oft damit geendet, dass sie sich weinend an die Beine ihres Opas geklammert hat. Aber das war früher.

»Was hast du?«, fragte Héctor ein drittes Mal.

»Nichts. Oma Ava soll mir mein Handy zurückgeben. Und sie soll mich an den Rechner lassen.«

Eine halbe Runde schweigend. Neben seinem Stuhl blieb Héctor schließlich stehen und sah wieder den Töpfervögeln zu.

»In ein paar Wochen ist ihr Häuschen fertig. Danach gehen sie auf die Suche nach Federn und kleinen Zweigen für den Boden, bevor sie brüten.«

Emi hob den Kopf. »Sehen wir dann ihre Jungen?«

»In den ersten Wochen nicht, aber wenn wir gut

aufpassen, können wir beobachten, wie sie fliegen lernen. Hast du nicht Lust, mit mir zu malen?«

Opa Héctor ist der Einzige, der mit Emi umgehen kann. Den restlichen Nachmittag haben beide gemalt, als gäbe es nichts anderes auf der Welt. Opa Héctor ist ansteckend. Er ist ruhig und konzentriert und das überträgt sich auf die anderen um ihn herum. Er kann auch tolle Geschichten erzählen, die nie enden. In der Geschichte von heute ging es um einen Lieblingshelden der Götter, der zum Fliegen Schuhe mit kleinen Flügeln geschenkt bekommt, dazu ein unzerstörbares Schwert, einen Schild und einen Helm, der ihn unsichtbar macht. Er muss eine Frau mit Schlangenhaaren töten, die alle, die ihr in die Augen schauen, in Stein verwandelt. Der Held – ich habe vergessen, wie er heißt – schaut die Frau aber nicht direkt an, sondern im Spiegel seines Schildes, und so kann er ihr den Kopf abschlagen. Das ist eine griechische Sage. Emi mag solche alten Geschichten. Ich auch.

9

Ich bin Armando, seht mich an!
Beim Gassigehn lauf ich stets voran –
Armando, der Sabberer,
der Schmutzfink und Schlabberer.
Dreck find ich wunderbar
und darum bin ich ein Star.
Wer mich mag, kann mich riechen,
der Rest soll sich verkriechen!

Damit kam Armando heute in den Park. Sabbernd bellte er uns sein erbärmliches Gedicht vor. Er ist der Meinung, dass er ein großer Dichter ist und den Nobelpreis verdient hätte.

Leo hat laut gelacht und ich war wieder mal ein

bisschen neidisch. Mir fallen nie Reime ein. Wenn ich welche höre, finde ich sie toll, aber wenn ich selbst reimen will, klappt es nur, indem ich Wörter erfinde. Manchmal fällt mir auch ein Wort ein, das ich mal gehört habe, von dem ich aber nicht weiß, was es bedeutet. Ich verwende es dann trotzdem. Aber über meine Reime hat Leo heute nicht gelacht. Er hatte zu viel Spaß mit Armando.

Wir blieben unter einem Baum und Leo hat sich vor Lachen auf dem Boden gewälzt, bis der Gassimann kam und ihn ausgeschimpft hat, weil er voller Erde war. Bevor er Leo wieder mitgenommen hat, hat er ihn abgeklopft und gesagt, sein Frauchen würde ihn umbringen, wenn er die ganze Erde aus dem Park ins Haus schleppt.

Ich habe mich über mich selbst geärgert, weil ich mich mit dem Reimen so schwertue. Ich will aber auch keine so grottigen Gedichte machen wie Armando. Ich würde mir gern eins für Muriel ausdenken und es ihr vorbellen, wenn sie am Zaun vorbeikommt. *Muriel* reimt sich auf *hell.* Das ist super. *Muriel, deine Augen sind strahlend hell.*

Dummerweise sind Muriels Augen schwarz. Dann

eben ihr Herz. *Muriel, dein Herz ist strahlend hell.* Könnte ich doch nur Ava fragen, wie sie *Muriel, dein Herz ist strahlend hell* findet. Vielleicht ist der Reim ja gar nicht so schlecht.

Ava mag Gedichte. Sie liest Emi welche mit vielen Wörtern vor, die ich nicht verstehe und Emi auch nicht. Aber die Wörter klingen richtig schön.

Heute sind wir auf einem anderen Weg nach Hause gegangen, einem längeren Weg. Wir kamen an einem riesigen Haus vorbei, das an einer Ecke steht. Die Rollläden waren unten und der Garten lag ganz im Schatten. Sonne bekam nur der Eingang ab, mit weißen Säulen davor, von denen der Putz abgeplatzt war. Schon beim Anblick des Hauses wurde mir kalt. Wie musste es dann erst drinnen sein!

Der dunkle Garten, die Pflanzen hoch wie im Urwald und die geschlossenen Rollläden – das alles sah unheimlich aus. Trotzdem konnte ich nicht wegsehen und bekam Angst. Nicht die Art Angst, bei der sich mir das Fell sträubt und ich die Zähne fletschen muss, sondern Angst, dass in dem Haus die Frau mit den Schlangenhaaren aus Opa Héctors Geschichte lauert. Und zwar weil ich Hefe und bittere Zitrone

witterte. Es roch auch nach nasser Erde, scharf nach den orangeroten Pilzen, die unter umgestürzten Bäumen wachsen, nach faulendem Holz und abgeknickten Blumen, Asseln, toten Grillen und Kröten. Außerdem nach Spinne, was ein trockener Geruch ist, nach heruntergefallenen Nestern, Katzenpisse, verkrustetem Blut, Kakerlaken und Kakerlakengift, Ratten und Rattengift. Aber über diesen ganzen Gerüchen lag der Geruch des Mädchens aus dem Park.

Ich zerrte an der Leine, weil ich zu einem der Fenster laufen und hindurchspähen wollte, aber Ava riss mich mit einem Ruck zurück, dass es richtig wehtat und ich husten musste. Jetzt lässt mir das Haus keine Ruhe mehr.

Ich will unbedingt dorthin, dabei weiß ich gar nicht, warum es mich interessiert, wo das fremde Mädchen wohnt. Wobei ... eins weiß ich schon. Manchmal, wenn das Mädchen zur selben Zeit wie wir im Park ist und wieder nach Hefe und bitterer Zitrone riecht, merke ich, dass Emi genauso riecht. Vielleicht sind die beiden dann auf eine Weise verbunden, die ich nicht verstehe. Vielleicht weckt die Angst des Mädchens Emis Angst.

Keine Ahnung, wie das sein kann. Schließlich kommen sich die beiden gar nicht nahe und man hat nicht den Eindruck, dass sie sich kennen. Was ist da los?

10

Ich habe Armando und Leo von dem Haus an der Ecke erzählt. Leo kennt es, weil er in der Nähe wohnt und sein Herrchen beim abendlichen Gassigehen manchmal mit ihm dort vorbeiläuft. Wir haben um die Wette die Gerüche von dort aufgezählt und ich habe gewonnen. Leo hat nämlich den Spinnengeruch ausgelassen. Er fürchtet sich vor Spinnen und hält sich deshalb von ihnen fern. Er behauptet, Spinnen springen einen an, und will ihnen auf keinen Fall zu nahe kommen.

Armando dagegen kennt sich mit Spinnen aus. Er lähmt sie gern mit seinem Sabber. Wenn in seinem Garten eine Spinne an ihm vorbeikommt, sabbert er sie voll. Er ertränkt ihre Netze in Sabber. Zwischen der Kamelie und dem Rosenbusch webt eine Spinne ihr Netz immer an derselben Stelle, und er sabbert das Netz jedes Mal so lange voll, bis es zerreißt. Als ich gesagt habe, dass ich das gemein finde, hat er mich angesehen, als hätte ich chinesisch gebellt. Ich habe ihn gefragt, ob es ihm denn gefallen würde, wenn eine Riesenspinne käme und seine Sandkuhle zuschütten würde – Armando gräbt sich nämlich im Park an der kühlsten Stelle gern eine Kuhle und legt sich rein. Oder ob es ihm gefallen würde, wenn eine Riesenspinne seine Haustür zuweben würde und er mitten im Winter draußen schlafen und frieren müsste.

Leo hat sich so gegruselt, dass er die Augen zugekniffen hat, aber Armando wurde nachdenklich und gab mir recht.

»Ich will versuchen, es zu lassen«, meinte er.

Das glaube ich ihm, aber ob er es schafft?

Bei mir geht beim Denken und Reden oft alles durcheinander. Damit habe ich die beiden angesteckt und wir sind dauernd vom Thema abgekommen. Aber dann haben wir doch wieder über das Haus an der Ecke gesprochen.

Die Sache ist die: Armando und ich können nicht zu dem Haus hin, am ehesten noch Leo. Sein Herrchen nimmt ihn beim Gassigehen nicht an die Leine, weil er als kleiner Hund in einer Schule war und gelernt hat, ohne Leine zu laufen. Wenn sein Herrchen ein bestimmtes Wort sagt, rennt er zu ihm und klebt an seinem Bein wie ein Popel. Wegen dem, was er in der Schule gelernt hat, läuft er auch immer vor allen anderen Hunden her, die der Gassimann ausführt.

Aber Leo sagt, er kann nicht zu dem Haus hin, weil er sich nicht weit von seinem Herrchen entfernen will. Sonst könnte sein Herrchen denken, er hätte seine gute Erziehung vergessen, behauptet er. Ich hatte aber das Gefühl, dass es noch einen anderen Grund gibt.

»Du bist ja ganz besessen von dem Mädchen, das in dem Haus wohnt. Wieso eigentlich?«, fragte Leo.

»Du bist von ihr besessen und kannst sie nicht vergessen, dabei ist sie keine Prinzessin!«, bellte Armando.

Am liebsten hätte ich ihn ins Ohr gezwickt, tat es dann aber doch nicht. Schließlich reimt sich »Ohr« nicht auf »Prinzessin«, oder?

Stattdessen habe ich gesagt: »Wenn ihr meine Freunde seid, müsst ihr mir helfen. Auch wenn ihr nicht versteht, was mich an dem Mädchen interessiert.«

Ich habe ihnen erklärt, dass sie mich unterstützen müssten, mehr über sie herauszufinden. Dazu wären Freunde schließlich da.

Daraufhin ist Leo losgeflitzt, immer im Kreis um die Schaukeln herum, als hätte er gar nicht zugehört. Wenn er sich taub stellt, kriege ich immer die Wut. Keine Tollwut, bei der man Schaum vor dem Maul hat, wenn man nicht geimpft ist, sondern eine Stinkwut.

Als Armando ihm auch noch hinterhergerannt ist, hatte ich die Schnauze voll. Ich ging zu Emi, die mit ihrem Handy beschäftigt war, und legte mich mit dem Kopf auf den Pfoten vor ihre Füße. Nur einmal schielte ich zu den beiden rüber, ob sie mitbekommen hatten, dass ich sauer war. Sie rannten weiter bellend um die Schaukeln herum und merkten gar nicht, dass sie die Kinder störten.

Das fremde Mädchen kam den Weg entlang, blieb jedoch andauernd stehen und tippte auf ihrem

Handy herum, mal an einem Baum, mal mitten auf dem Weg. Dann lehnte sie sich an den Springbrunnen.

Fast im selben Augenblick wehte von Emi ein unglaublich starker Hefegeruch herüber. Sie machte *klack klackklack* und der Hefegeruch wurde immer stärker.

»Lilo!«, bellte da jemand.

Armando kam mit einem mageren Hund angerannt, den ich nicht kannte.

Es war der hässlichste Hund, den ich je gesehen hatte: grau, struppig, mit kahlen rosa Stellen an den Hinterbacken und sehr, sehr schlechtem Geruch. Er lächelte, wie manche Hunde lächeln: Er zog die Lefzen hoch und zeigte die Zähne – ein Lächeln für Eingeweihte.

»OliverTwist kann uns helfen«, verkündete Armando. OliverTwist lächelte mit seinen langen Zähnen noch breiter. »Er ist ein Träumer.«

»Ein Streuner«, verbesserte OliverTwist. »Allein, verwaist, ohne Herrchen, Frauchen, Freundin, Frau oder Kinder. Single. Frei. Frei wie ... Frei wie ... Frei wie ...«

»... ein Straßenhund!«, ergänzte Armando so stolz, als hätte er eine große Entdeckung gemacht.

OliverTwist klang bei seiner kleinen Vorstellung ausgesprochen selbstbewusst. *Und räudig*, hätte ich fast hinzugefügt, weil ich ihn eingebildet fand. Aber das behielt ich für mich. Eigentlich hatte ich eher den Eindruck, dass sein Selbstbewusstsein nur gespielt war. Jeder Hund mit Krätze und kahlen rosa Stellen schämt sich. Krätze ist etwas Hässliches. Und sie juckt furchtbar.

Dafür konnte OliverTwist jederzeit zu dem Eckhaus hinlaufen, sich auf die Lauer legen und sogar hineinschlüpfen. Er wusste nämlich, wie man sich durch Fenster oder Hintertüren in Häuser schleicht. Er konnte Kühlschränke öffnen, Essen klauen, aus dem Wasserhahn trinken, sich im Winter am Ofen zusammenrollen, im Sommer im Pool baden und sich im Herbst in den Laubhaufen wälzen, die verbrannt werden sollten. Wenn man ihm zuhörte, konnte man meinen, OliverTwist könnte sich unsichtbar machen. Er zählte seine Fähigkeiten eine nach der anderen auf und lächelte dabei mit hochgezogenen Lefzen und gebleckten Zähnen. Wie hässlich er war!

Er kannte das Eckhaus und auch das nach Hefe und gammliger Zitrone riechende Mädchen, das jetzt über sein Handy gebeugt davonging.

»Ich kenne sie aber nur vom Sehen«, sagte OliverTwist, als könnten wir sonst denken, die beiden wären befreundet. »Sie sieht auch ein bisschen wie eine Streunerin aus.«

OliverTwists Herrchen war der Bibliothekar hier in unserem Viertel. Er wurde fast hundert Jahre alt, und als er vor zwei Jahren starb, hat OliverTwist sein Zuhause verloren. Seither lebt er auf der Straße. Nicht die ganze Zeit. Eine Weile hat er im Bahnhof übernachtet, bis ein Junge, der immer den frühen Zug nahm, sein Versteck entdeckt und ihn als Zielscheibe für seine Luftpistole benutzt hat.

»Das ist von den Schüssen«, sagte OliverTwist und deutete auf die kahlen rosa Stellen an seinen Hinterbacken.

Ich wollte ihm nicht sagen, dass man von einer Luftpistole keine Krätze bekommt. Trotzdem hatten die Schüsse bestimmt scheußlich wehgetan. Armando prustete, als müsste er lachen, überspielte es aber mit Hüsteln.

»Von den Schüssen«, wiederholte Leo. Es klang fast bewundernd.

»Schießerei, Knallerei, Ballerei, Beschuss«, ergänzte OliverTwist und kratzte sich.

Erst ganz unauffällig, mit der Hinterpfote hinterm Ohr. Doch plötzlich bewegte sich die Pfote so schnell, dass man sie nur noch verschwommen sah, wie ein durchgeknallter Scheibenwischer, *schk, schk, schk, schk*. OliverTwist winselte leise mit geschlossenen Augen und legte den Kopf schief. Seine schwarzen Krallen sausten hinter dem Ohr auf und ab, bis es blutete.

»Hör auf!« Leo konnte es nicht länger mit ansehen. »Da kommt Blut!« Kaum hatte er es ausgesprochen, wurde ihm schlecht und er musste sich übergeben.

»Blut … *Zerfetzte Haut und Blut finden Vampire gut*«, deklamierte Armando in einer Anwandlung von poetischer Schaffenskraft.

Der Gassimann pfiff, und Leo raste los, ohne sich zu verabschieden.

»Bis demnächst«, bellte Armando und schloss sich ebenfalls der Meute an.

OliverTwist hatte das Kratzen eingestellt, jaulte aber leise.

»Tut's weh?«, fragte ich.

Er schaute mich stumm an. Das war eine blöde Frage, dachte ich. Aber sein Blick sagte etwas anderes. OliverTwists Augen waren grau wie sein Fell und hatten offenbar schon eine Menge gesehen. Ich weiß nicht, wie ich es anders beschreiben soll.

»Manchmal«, antwortete er dann.

Da rief mich Ava. Emi und sie warteten bereits auf mich. Die Sonne stand schon tief und der Park hatte sich geleert. Bevor wir den Park verließen, drehte ich mich zu OliverTwist um. Er stand noch am selben Fleck. Allein. Bevor ich weiterlief, sah ich, wie er wieder anfing, sich zu kratzen.

11

Noch nie hatte ich jemanden so weinen hören wie Emi in dieser Nacht. Vielleicht mal einen Hund, der im Morgengrauen heult, aber noch nie einen Menschen.

Manchmal riecht man, dass jemand geweint hat. Dann möchte man dem betreffenden Menschen gern die Hand lecken, aber ich habe festgestellt, dass das nicht jeder mag, darum mache ich es nicht mehr.

Emis Tür war zu, deswegen wusste ich nicht gleich, was los war, aber dann hörte ich sie mit Clara reden. Zwischendurch schien sie ihr etwas vorzulesen. Beim Vorlesen klingt die Stimme nämlich anders als beim Reden. Emi hatte Schluckauf und ihre Stimme überschlug sich, sodass sie schwer zu verstehen war.

Ich schnappte einzelne Wörter und ein paar Sätze auf. Das Wort *hässlich* kam sehr oft vor. Auch *Monster* und *unförmig* und andere Wörter, die wir Hunde nicht bellen können, weil sie auf der Zunge brennen. Wenn ein Hund diese Wörter trotzdem ins Maul nimmt, schlägt sein Gebell in Gejaul um.

Im Haus war es dunkel. Ava und Héctor lagen im Bett und schauten einen Film, darum kratzte ich an ihrer Tür, damit sie aufmachten und Emi hörten. Héctor war bestimmt schon eingeschlafen. Weil er immer ganz früh aufsteht, hält er nie bis zum Ende eines Films durch.

Ava öffnete mir. Ich machte sofort kehrt, damit sie mitkam, aber sie schimpfte nur, schloss die Tür wieder und stellte den Fernseher lauter. Ich musste drei Mal an der Tür kratzen, bevor Héctor auftauchte. Er folgte mir dann sogar – mit einem Hausschuh in der Hand. Vielleicht wollte er den Schuh nach mir werfen, jedenfalls kam er hinterher, als ich kehrtmachte.

Ich blieb vor Emis Tür stehen und kratzte daran. Sie war sofort still. Héctor klopfte, aber Emi reagierte nicht. Héctor trat einen Schritt zurück und blickte auf den Boden. Eben war der Spalt unter der Tür

noch hell gewesen, aber bei Héctors Klopfen hatte Emi das Licht ausgemacht, und jetzt war der Spalt dunkel. Héctor klopfte noch einmal etwas leiser. Dann stand er eine Weile unschlüssig da und ging schließlich wieder in sein Zimmer. Ich folgte ihm.

»Es ist spät, Lilo. Emi schläft schon.«

Ich winselte, erreichte damit aber nur, dass Héctor mich kraulte und mir die Tür vor der Nase zumachte.

»Was war denn los?«, fragte Ava.

»Keine Ahnung. Lilo hat an Emis Tür gekratzt, aber Emi hat nicht aufgemacht. Erst war das Licht an, aber als ich geklopft habe, hat Emi es ausgemacht.«

»Merkwürdig«, sagte Ava.

Dann waren wieder die Filmstimmen zu hören, die fern und zugleich nah klangen. Aus Emis Zimmer drang erneut Schluchzen, aber wie hinter einem Kissen. Dass Emi sich zum Weinen etwas auf den Mund drückte, fand ich am allerschlimmsten.

12

Ava ist genial. Als Emi zum Frühstück runterkam, sah sie erst sie an und dann mich und dann wieder Emi. Sie hatte begriffen, was am Abend davor passiert war.

Wenn Ava doch bloß so eine gute Nase hätte wie ich! Der Geruch nach gammliger Zitrone überdeckte sogar den von Kaffee und Toast.

»Was hast du denn?«, fragte sie.

»Nichts«, antwortete Emi. Aber ihre Augen füllten sich mit Tränen.

Ava goss ihr Milch ein und setzte sich ihr gegenüber. So macht sie das immer: Sie sieht die Leute ganz ruhig an und rührt sich nicht vom Fleck, bis sie mit der Sprache rausrücken. Emis Mutter sagt, dass

Ava ein sturer Dickkopf ist. Sie wird total nervös, wenn Ava sie so ansieht und ihr Fragen stellt, auf die es keine einfache Antwort gibt.

Leider ist Emi in dieser Hinsicht genau wie ihre Großmutter. Und Dickkopf plus Dickkopf ergibt Schweigen. Lautes Schweigen.

Das Messer raspelt, wenn damit Butter auf den Toast gestrichen wird, es klirrt, wenn es ans Marmeladenglas stößt, der Kühlschrank brummt, der Kessel tanzt auf dem Herd, wenn das Wasser kocht, *gluglugluppfffffftttffff*, man hört Héctor im Garten, die Autos auf der Straße, Hunde, Katzen, Vögel – aber zwischen Emi und Ava herrscht Schweigen.

»Willst du's mir nicht sagen?«

»Was denn.«

»Was los ist.«

»Gar nichts.«

»Und warum weinst du dann?«

»Ich weine nicht.«

Wie Emi sich zusammenreißen musste, um nicht loszuheulen! Ich legte ihr den Kopf auf die Knie, doch nicht mal das konnte ihr Herz erweichen.

Als Ava ihr über den Kopf strich, zog sie ihn weg.

»Du bist traurig, und ich will wissen, warum«, sagte Ava energisch. »Es ist nicht schön, wenn jemand, den man sehr lieb hat, traurig ist.«

»Du kannst aber nichts tun«, erwiderte Emi nach einer langen Pause.

»Warum versuchst du nicht wenigstens, es mir zu erzählen?«

»Weil ich jetzt schon weiß, dass du nichts tun kannst.«

Ava sagte noch alles Mögliche, aber das gehört nicht hierher. Sie umkreiste Emi wie ein Nachtfalter eine Kerze. Emi erzählte trotzdem nichts.

Auch den ganzen Weg zur Schule legten Ava und Emi schweigend zurück. Sie begegneten der Frau mit der lila Uniform, die sie jeden Morgen zur selben Zeit an derselben Ecke treffen und die immer aussieht wie eine Krankenschwester, die zu spät zur Arbeit kommt. Ava und die Frau nickten sich wie jeden Morgen zu. Als die Frau außer Hörweite war, sagte Ava wie jeden Morgen: *Heute kommt sie wieder zu spät*, und ich wedelte wie jeden Morgen mit dem Schwanz, weil mir die Begegnung mit der Frau gefällt. Es gefällt mir, dass sich die beiden grüßen, dass

die Frau es immer eilig hat, dass Ava immer dasselbe sagt. Sonst freut sich Emi auch immer, wenn sie die Frau sieht.

Ich mag das, was jeden Tag passiert, fände es aber auch nicht gut, wenn jeden Tag dasselbe passieren würde. So ähnlich, wie wenn in einem Lied erst getrommelt wird, und dann kommen Singstimmen oder andere Instrumente dazu, die anfangen und wieder aufhören. Wenn ich solche Musik höre, stelle ich mir vor, die Trommeln wären das, was sich Tag für Tag wiederholt, und die Stimmen und die anderen Instrumente wären das Neue, das plötzlich auftaucht. *Bumm!*, Héctor macht die Küchentür auf und zu, wenn er aufsteht, *bumm!*, Avas Wecker, *bumm!*, die Brotscheiben springen aus dem Toaster, *bumm!*, die Krankenschwester ist in Eile, *bumm!*, die Lehrerinnen begrüßen die eintreffenden Schulkinder. Alles andere ist eine Stimme, die singt, oder eine Geige oder eine Flöte, die in der Luft Saltos schlagen. Oder so ähnlich. Es ist keine besonders ausgereifte Theorie.

»Petze!«, zischte mir Emi ins Ohr, bevor sie im Schulgebäude verschwand.

Sie hatte mitgekriegt, dass ich gestern Abend ihre Großeltern geholt hatte. Wenn sie sauer auf mich ist, ist das grässlich. So wie wenn eine Geige verstimmt ist.

13

Es vergingen mehrere Tage, bis OliverTwist wieder auftauchte.

Dann aber ratterte er einen Bericht über die Aktivitäten des fremden Mädchens herunter, der von einem Detektiv hätte stammen können.

Als ich das sagte, gab er zurück: »Sherlock Holmes, Philip Marlowe, Hercule Poirot, Auguste Dupin, Don Isidro Parodi.«

Wieder war es so, als würde er chinesisch bellen.

»Berühmte Detektive der Literatur. Das Mädchen ist ein Rätsel. Es geht ihr nicht gut. Sie ist undurchschaubar, geheimnisvoll, bedrückt, schattig, stürmisch, orkanartig ...«

Er hätte noch ewig so weitergemacht, aber ich unterbrach ihn. »Hab schon verstanden. Bitte komm zum Punkt.«

»Fehlanzeige. Einen Punkt habe ich nicht entdeckt. Sicherlich gibt es einen, aber momentan ist alles reichlich mysteriös. Das Mädchen verbringt den ganzen Tag am Handy und am Computer. Sie macht kaum den Mund auf, und das Haus, in dem sie wohnt, ist riesig, düster, finster, schummrig ...«

»Aufhören!«

Ich fasse mal zusammen, was OliverTwist herausgefunden hat:

- dass das Mädchen bei seiner Großmutter wohnt;
- dass die Großmutter außer Haus arbeitet;
- dass das Mädchen auf dieselbe Schule geht wie Emi, aber in die Klasse unter ihr;
- dass sie ihr Bett nicht macht;
- dass sie nicht jeden Tag badet, aber wenn doch, so lange im Wasser bleibt, bis ihre Haut ganz schrumpelig ist;
- dass sie viele Stunden in ihrem Zimmer hockt;
- dass die Großmutter hervorragend kocht, lecker, appetitlich, köstlich, schmackhaft, üppig;

- dass die Großmutter und das Mädchen manchmal Wörter benutzen, die OliverTwist noch nicht enträtseln konnte;
- dass das Mädchen eine Katze hat und sie abküsst und mit ihr schmust;
- dass sie Albträume hat und mitten in der Nacht schreit;
- dass Teile des Hauses so stark nach vergammelter Zitrone riechen, dass man am liebsten heulen möchte.

Weder das Mädchen noch die Großmutter hatten mitbekommen, dass sich OliverTwist ins Haus geschlichen hatte. In der ersten Nacht schlief er in der Waschküche auf alten Lappen. In der zweiten in einer kleinen Kammer am Ende des Flurs, und zwar auf einer zusammengerollten Matratze neben dem Bett.

Die Matratze roch feucht, die Kammer stank nach Fledermaus, und die Fledermäuse schliefen die ganze Nacht nicht und ließen OliverTwist auch nicht schlafen. In der dritten Nacht schlief er dann im Wohnzimmer.

»Ich verzage nicht so schnell«, sagte er, und ich nahm mir vor, ihn später nach der Bedeutung dieses Wortes zu fragen.

Im Wohnzimmer war es gemütlich, aber er hatte Gefallen daran gefunden, neue Schlafplätze auszuprobieren, und so wagte er sich in der nächsten Nacht in den großen Raum zwischen dem Zimmer des Mädchens und dem der Großmutter. Dort gab es kleine Flugzeuge aus Balsaholz und Plakate mit richtigen Flugzeugen, Fotos von Piloten, Landkarten mit gestrichelten Linien und *den Inbegriff der Schönheit*, wie OliverTwist es nannte – ein Foto von Amelia Earhart in Pilotenkluft.

»Für diese Frau hat mein Herrchen geschwärmt«, erzählte er. »Wäre ich Amelias Hund gewesen, hätte ich mit ihr mitfliegen können. Mein Herrchen hat mir Fotos von Hunden in einem Doppeldecker gezeigt. Er hat mir oft versprochen, dass wir beide irgendwann zusammen in einem Doppeldecker fliegen. Eigentlich jedes Mal, wenn er sich Fotos von Amelia angeschaut hat.«

An dieser Stelle verstummte OliverTwist und roch nach Kummer, fing sich aber gleich wieder.

Weil ihn die Flugzeuge an sein Herrchen erinnerten, schlief er in der folgenden Nacht wieder im Wohnzimmer. Eigentlich hätte er gern die Küche erkundet, konnte sich aber nicht dazu aufraffen.

»Ich war verzagt«, sagte er. Wieder dieses Wort!

Ich fand es schwer zu glauben, dass ihn weder das Mädchen noch die Großmutter gewittert hatten, dass sie nicht gehört hatten, wie er sich kratzte, aber OliverTwist sagt, so ist es immer: In den Häusern, die er sich als Unterschlupf aussucht, wohnen Menschen, die ihn nicht mal sehen würden, wenn er vor ihrer Nase säße.

»Manche Leute sind da und gleichzeitig nicht da«, meinte er.

In solchen Häusern bleibt er nicht gern. Menschen, die nicht richtig da sind, machen ihn schrecklich traurig.

Das alles erzählte er mir durch den Zaun und unterbrach sich immer wieder, um sich mit geschlossenen Augen zu kratzen. Sogar ich musste mich ein bisschen kratzen. So was ist ansteckend.

Was dann geschah, ging irgendwie ganz schnell und zugleich ganz langsam. Hinter mir wurde die

Küchentür geöffnet und OliverTwist machte ein erschrockenes Gesicht. Als ich mich umdrehte, kam Ava mit erhobenem Besen aus dem Haus. Ich bellte. OliverTwist rannte über die Straße. Das Bremsen des Müllautos war lauter als mein Gebell. Und dann der Zusammenprall, ein schreckliches, dumpfes Geräusch. OliverTwist heulte vor Schmerz auf, Ava ließ den Besen ins Gras fallen und wir rannten los. Der Fahrer stieg aus, die Müllmänner sprangen vom Trittbrett, alle liefen zu OliverTwist. Ava kniete sich neben ihn. Der Fahrer war bestürzt, und Ava sagte, der Hund würde nicht ihr gehören. Der Hefegeruch war unerträglich.

»Er muss zum Tierarzt!«, sagte Ava.

»Ich darf nicht von meiner Strecke abweichen«, entgegnete der Fahrer.

Ich bellte verzweifelt.

»Reg dich ab, sie verstehen dich sowieso nicht«, jaulte OliverTwist.

»Tut's weh?«

»Mal mehr, mal weniger«, antwortete er.

Ava ermahnte mich, still zu sein, und bat die Männer, kurz zu warten. Sie kam mit einer alten Decke

zurück und wickelte OliverTwist darin ein. Inzwischen waren ihm die Augen zugefallen.

»Jetzt sterbe ich glücklich«, winselte er, als Ava ihn vorsichtig hochhob.

Der Fahrer willigte schließlich ein, Ava und OliverTwist zum Tierarzt zu bringen, denn die beiden Müllmänner, die hinten mitfuhren, baten ihn darum und versicherten, anschließend würden sie doppelt so schnell arbeiten.

Ava sperrte mich in den Garten und schloss das Tor mit einem Tritt. Dann kletterte sie in das Müllauto, alles mit OliverTwist im Arm, der trotz seiner Worte noch lebendig war und leise jaulte.

Der Rest des Nachmittags wurde mir sehr, sehr lang.

14

Wieso wollte Ava erst mit dem Besen auf OliverTwist losgehen und hat sich dann um ihn gekümmert, als wäre er ihr kleiner Liebling? Sie hat ihm einen Schlafplatz neben dem Gasofen bereitet, mit dem im Winter das Haus geheizt wird. Sie hat ihm zwei Keramiknäpfe gekauft, einen zum Fressen und einen zum Trinken, beide mit grünem Rand, funkelnagelneu und viel schöner als meine Plastiknäpfe; sie hat Mittel gegen Krätze besorgt und sich von einem Tag auf den anderen in eine Krankenschwester verwandelt.

Sie hat OliverTwist mit Shampoo gewaschen, ihn mit einem neuen Handtuch abgetrocknet, das nur für ihn war, ihm rohes Fleisch, kleingeschnittenes

Gemüse und Kräuter vorgesetzt. Sie hat sogar ein paar Topfpflanzen mit seltsamen Namen gekauft, um seine Krätze zu behandeln! Außerdem hat sie eine Paste aus Knoblauch und Olivenöl gemixt, eine andere aus Joghurt, hat Zitronenscheiben über Nacht in Wasser gelegt und sie OliverTwist am nächsten Morgen auf die kahlen Stellen gepackt. Fast den ganzen Tag hat sie damit verbracht, ihn zu pflegen, und hat mich nicht in seine Nähe gelassen. OliverTwists Krankheit könnte ansteckend sein, hat sie gesagt, aber sie selbst hat ihn gestreichelt und sich für die Pflege Handschuhe angezogen.

Ja, ich war eifersüchtig. Sehr, sehr eifersüchtig. Außerdem hatte Ava offenbar ihren Geruchssinn verloren, denn sie merkte nicht, wie widerlich es jetzt im Haus stank. Das Schlimmste war aber, dass sie Emi vergaß. Und mich. Und Héctor. Ihre gesamte Aufmerksamkeit galt OliverTwist.

Als Héctor ebenfalls Handschuhe anzog, um OliverTwist zu streicheln, platzte ich fast vor Eifersucht. Aber Héctor rief mich wenigstens zu sich und streichelte mich mit der anderen Handschuh-Hand.

»Diese Infektion wird uns eine Weile beschäftigen«, sagte er.

Das machte mich gar nicht glücklich. Die Aussicht, OliverTwist und seinen Gestank monatelang vor der Nase zu haben, konnte niemanden glücklich machen.

Emi wirkte ruhiger, aber fünf Tage nachdem OliverTwist bei uns eingezogen war, passierte etwas, nach dem es ihr wieder schlechter ging.

Ava und ich waren unterwegs, um Knoblauch und Olivenöl für die Paste gegen die Krätze zu kaufen. Der Tierarzt hatte gesagt, es sei nicht so schlimm, aber OliverTwist bräuchte viel Pflege. Héctor war im Garten und zeichnete das Lehmhäuschen der Töpfervögel, das schon so gut wie fertig war.

Als wir vom Markt zurückkehrten und am Gasofen vorbeikamen, rief OliverTwist leise nach mir. Ich stellte mich taub, denn ich wollte mich nicht von ihm herumscheuchen lassen. Ich lief also an ihm vorbei und hinter Ava her, die nach oben ging, um Emi zu holen.

Emis Zimmertür war zu. Ava klopfte wieder und wieder, aber vergeblich.

»Ich mach dir nicht auf!«, schrie Emi, dann hörte man wieder Schluchzen, das mit irgendwas erstickt wurde.

Ava stand ratlos da. Ich sprang hoch und kratzte an der Tür, aber dieser Trick, der so gut geklappt hatte, als Emi klein war, funktionierte nicht mehr.

Seit wann war Emi eigentlich so dickköpfig? Oder war sie schon immer so gewesen, genau wie ihre Großmutter, und ich hatte es erst jetzt gemerkt, weil sie mich nicht mehr lieb hatte?

Irgendwann gab sich Ava geschlagen und ging nach unten in die Küche.

Wieder rief OliverTwist leise nach mir. Diesmal schnaubte ich zwar widerwillig, lief aber zu ihm.

»Emi hat mit Clara telefoniert und ich hab was aufgeschnappt«, erzählte er. »Es geht um irgendwelche Nachrichten, die Emi bekommt. Die Nachrichten bringen sie zum Weinen. Sie sind schrecklich, scheußlich, grauenerregend.« Er kann einem echt auf die Nerven gehen, wenn er ständig ähnliche Wörter verwendet. »Emi weiß nicht, von wem sie kommen. Sie hat sie Clara vorgelesen, aber ich konnte nur die Hälfte verstehen, weil Emi Schluckauf hatte. Ich habe schlimme Wörter gehört, giftige Wörter, solche, die einen ausschließen.«

Ich fragte ihn, was das für Wörter waren, die einen ausschließen.

»Wörter, die einen allein lassen.« Nach einer Pause fügte er hinzu, ohne mich anzusehen: »*Räudig* ist ein Wort, das einen ausschließt. Zum Beispiel.«

An dieses Wort dachte ich damals ständig. In Gedanken sagte ich: *OliverTwist ist ein räudiger Hund* oder *So viel Umstände wegen diesem räudigen Hund,* und fragte mich, warum ich mit einem räudigen Hund im selben Haus wohnen musste. Ich war nun mal eifersüchtig, aber zumindest hatte ich das Wort nie zu ihm gesagt. Darüber war ich froh.

Auf einmal taten mir alle leid. Emi tat mir leid und OliverTwist mit seiner Krätze tat mir noch mehr leid.

»In den Nachrichten stehen auch Drohungen und Verwünschungen wie von mittelalterlichen Hexen. Zaubersprüche.«

Ich fragte nach dem Wortlaut der Nachrichten, aber den kannte er nicht genau.

Es kam mir vor, als stünden wir vor einem unlösbaren Problem.

»Man darf nicht so schnell aufgeben«, meinte OliverTwist. »Halt, mir fällt was ein. Ich glaube, ich weiß, von wem die Nachrichten kommen, nämlich von …« Er stockte. »Glaube ich jedenfalls … Ganz sicher bin ich nicht, aber ich vermute, ich habe eine Ahnung, ich mutmaße …«

Wieder mal strapazierte er meine Geduld. Doch während er all die Wörter aufsagte, kam mir ebenfalls eine Idee.

»Das fremde Mädchen!«, bellten wir gleichzeitig.

Logisch! Wenn wir an eine Steckdose angeschlossen gewesen wären, hätten wir das ganze Viertel erleuchtet. Vielleicht sogar ganz Südamerika.

»Wir müssen trotzdem nachprüfen, ob es stimmt.«

»Jetzt kommt die Katze ins Spiel«, sagte OliverTwist.

»Welche Katze?«

»Die schwarze. Die mit den grünen Augen und der rosa Zunge. Sie kann uns helfen. Katzen springen auf Tische und setzen sich auf Menschenschöße und trippeln über Tastaturen und spionieren Computer und Handys aus. Die Menschen erlauben ihnen alles Mögliche, was wir Hunde niemals dürften.«

Das hatte ich nicht gewusst. Ich hatte noch nie mit einer Katze zusammengelebt.

»Was denn noch?«

»Sie dürfen den Menschen auf den Kopf klettern. Sie dürfen zwischen dem Geschirr hindurchhuschen, sogar zwischen den Gläsern. Sie dürfen sich im Schrank auf die Kleider legen und überall Haare hinterlassen. Katzen tun gern so, als hätten sie ein schlechtes Gedächtnis. Sie machen tausendmal dasselbe, als wüssten sie nicht, dass es verboten ist. Uns Hunden merkt man sofort an, wenn wir etwas Verbotenes getan haben. Katzen machen dann einfach ein Gesicht, als wäre es das allererste Mal. Man schimpft sie aus und fünf Minuten später machen sie das Gleiche wieder und setzen eine Unschuldsmiene auf.«

Das stimmte mich nachdenklich. Wenn ich etwas Verbotenes tue, liegen meine Ohren flach am Kopf an. Ava merkt es immer, wenn ich etwas umgeworfen oder das Wohnzimmer schmutzig gemacht habe. Manchmal springe ich mit dreckigen Pfoten auf den Sessel, aber nur, weil ich nicht dran denke, dass sie voller Erde sind. Obwohl – auf die Sessel springe ich gar nicht mehr, aber manchmal werfe ich mit dem

Schwanz etwas um oder beiße zu fest in irgendetwas rein.

Wenn die Menschen wüssten, wie herrlich es ist, auf etwas herumzukauen, einer Schuhspitze oder einem Tischbein, auf dem Absatz eines Hausschuhs, auf allem Möglichen aus Gummi oder Holz! Vor allem aus Holz. Das *Skrrrtschskrrrtschskrrrtsch*-Geräusch, die kleinen Stückchen, die man schlucken oder ausspucken muss, der raue, angekaute Rand an der Zunge, die Stellen, auf denen man unbedingt weiter rumbeißen muss. Ich kann dann immer gar nicht mehr aufhören mit Beißen, Kratzen, Kaputtmachen. Auweia.

»Katzen kümmern sich nicht um Verbote. Sie tun unschuldig und stellen den Schwanz auf, sodass er zur Decke zeigt. Sie sind stolz, aufgeblasen, eingebildet, hochnäsig, selbstverliebt ...«, fuhr Oliver-Twist fort und überlegte dann kurz. »Hochnäsig und selbstverliebt – soll ich dir mal ein Gedicht von T. S. Eliot aus seinem Buch über Katzen vortragen?«

Ohne meine Antwort abzuwarten, deklamierte er auf Englisch:

The Naming of Cats is a difficult matter,
It isn't just one of your holiday games;
You may think at first I'm as mad as a hatter
When I tell you a cat must have three different names.

Das Benennen von Katzen ist 'ne knifflige Sache
und keinerlei Zeitvertreib für ältere Damen.
Vielleicht verschlägt's euch jetzt erst mal die Sprache,
wenn ich sage, eine Katze braucht dreierlei Namen.

Plötzlich bekam ich wahnsinnige Lust, auf etwas herumzubeißen, und ließ OliverTwist stehen. Auf Englisch klang sein Gebell ganz anders als sonst. Er verwandelte sich in einen anderen Hund, einen englischen, so einen wie die Hunde auf Héctors Gemälden, die mit großen Sprüngen hinter einem Fuchs herjagen.

In der Waschküche entdeckte ich die kleine Gartenschaufel und begann, an dem Holzgriff herumzunagen. Obwohl ich wusste, dass es nicht richtig war, konnte ich nicht aufhören. Der Griff schmeckte einfach köstlich. Holzgriffe von Gartenschaufeln sind das Größte – *skrrrtschskrrrtschskrrrtsch!*

»Lilo!«

Ava brüllte so laut, dass ich vor Schreck fast die ganze Schaufel verschluckt hätte.

Auweia. Was hatte ich getan? Ehrlich gesagt war der Griff, der vorher rund und glatt gewesen war, jetzt ziemlich übel zugerichtet. Vollgesabbert war er auch.

»Wieso hast du das gemacht?«, fragte Ava mit ihrer Schimpfstimme, die ganz anders klingt als ihre Beschützerstimme. »Na? Wieso?«

Und während ich mich duckte und mit eingezogenem Schwanz und angelegten Ohren auf sie zutappte und mit den Augen mein größtmögliches Bedauern ausdrückte, überlegte ich, was wohl eine Katze getan hätte. Ich finde es schrecklich, Ava zu enttäuschen. Ava ist der Mensch, den ich auf der Welt am allerliebsten habe, und ich halte es kaum aus, wenn ihre Stimme plötzlich scharf wie ein Messer wird. Aber über dem köstlichen Holzgeschmack hatte ich alles andere vergessen. Ich hätte ihr gern bellend versprochen, so etwas nie wieder zu machen, aber das wäre eine große Lüge gewesen. So leid es mir tat.

Warum hatte ich eigentlich so dringend auf

irgendwas herumbeißen müssen? Mir fiel ein, dass ich OliverTwist bei seinem Vortrag über Katzen unterbrochen hatte. Und jetzt würde mich Ava in den Garten verbannen, und ich konnte erst dann mit OliverTwist weiterreden, wenn sie mich wieder ins Haus ließ.

15

»Katzen um Hilfe zu bitten, ist streng verboten!«, sagte Armando, als ich ihm von OliverTwists Plan erzählte.

»Streng verboten«, wiederholte Leo.

»Wer sagt das?«, fragte ich.

Daraufhin tat Leo das, was er immer tut, wenn er nicht antworten will, und Armando rannte hinter ihm her.

Ich wartete, bis die beiden zwei Runden um die Schaukeln gedreht hatten. Bei der dritten Runde stürzte ich mich auf Armando und warf ihn um. Er wälzte sich auf mich und sabberte mir das Gesicht voll. Leo sah uns bellend zu, als wäre er im Kino. Und mitten in dem ganzen Tumult erblickte ich sie. Meine schlimmsten Befürchtungen wurden wahr.

Muriel.

»Bitte achte darauf, dass die Hündin da drüben meine kurzen Beine nicht sieht!«, flehte ich Armando an.

»Welche Hündin?«, bellte Armando lautstark.

Am liebsten wäre ich im Erdboden versunken.

Muriel kam den Parkweg entlang, reckte die Nase in die Frühlingsluft und setzte anmutig eine zierliche Pfote vor die andere, sodass ihre gepflegten Krallen über den Asphalt klackerten. Es war die lieblichste Melodie, die ich jemals gehört hatte. Muriel kam geradewegs auf das Knäuel aus Armando und mir zu.

»Wenn du noch ein Wort bellst, bring ich dich um!«, drohte ich.

Ob nun der Hundegott ein Wunder bewirkte oder ob es daran lag, dass Armando schwer von Begriff ist und Mühe hatte zu verstehen, was los war – jedenfalls rührte er sich nicht mehr und verdeckte mit seinem Rumpf meine kurzen Beine. Muriel trippelte an uns vorbei.

Ob sie uns gesehen hatte? Keine Ahnung, aber Leo, der mit Rumrennen aufgehört hatte, um sie zu beobachten, meinte ja.

»Sie hat uns angeschaut. Sie hat uns angeschaut, ohne uns richtig zu sehen«, sagte er.

Mir blieb nichts anderes übrig, als den beiden mein Problem zu beichten.

Leo musterte mich verständnislos von oben bis unten, als wäre ihm noch nie aufgefallen, dass meine Beine viel zu kurz sind.

»Ich finde dich so, wie du bist, total in Ordnung.«

»Ich wäre lieber wie du«, erwiderte ich. Und bereute es sofort, weil Leo ein ganz komisches Gesicht machte.

»Und wärst du auch gern wie ich?«, fragte Armando.

Nein, wie er wollte ich nicht sein, aber das sagte ich nicht. Sondern dass er und ich zu verschieden seien. Das war nicht gelogen, aber auch nicht die Wahrheit.

Anschließend dachte ich an alle Hunde, denen ich *nicht* ähneln wollte. Mir fielen eine Menge ein. Und mir ging wieder durch den Kopf, dass Muriel mich um ein Haar entdeckt hätte. All das dachte ich fast

gleichzeitig, weil meine Gedanken so schnell sind, trotzdem merkte ich plötzlich, dass meine Freunde mich ansahen, als würden sie auf etwas warten.

»Vom Thema abschweifen heißt vor dem Problem kneifen«, sagte Armando und lächelte, indem er die Hängebacken hochzog. »Seit wann nehmen wir Hunde die Hilfe von Katzen in Anspruch?«

»OliverTwist behauptet, die Katze ist die Einzige, die uns helfen kann, mehr über das Mädchen aus dem Eckhaus rauszufinden.«

»Wieso? Warum müssen wir eine räudige Katze um Unterstützung bitten?«

»Sie ist nicht räudig«, widersprach ich, »und räudig ist ein Wort, das einen allein lässt.«

Ihr hättet Armandos verblüfftes Gesicht sehen sollen! Der Sabber hing ihm in langen Fäden aus dem Maul. Ich musste ihm alles haarklein erklären, als wäre er ein Welpe: was OliverTwist über Wörter gesagt hatte, die einen ausschließen und allein lassen, was wir gestern Abend, als mich Ava endlich wieder ins Haus gelassen hatte, alles besprochen hatten, dass wir herausbekommen mussten, ob das fremde Mädchen Emi die Nachrichten schickte.

»Nur die Katze kann dem Mädchen auf den Schoß klettern und die Nachrichten lesen.«

»Und warum sollte eine räudige Katze die Geheimnisse ihres Frauchens ausplaudern?«, fragte Leo.

»Die Katze ist nicht räudig«, entgegnete ich leicht genervt, weil meine Freunde einfach nicht auf das hörten, was ich ihnen sagte.

Wobei das eigentlich eine gute Frage war. Weder OliverTwist noch ich hatten daran gedacht.

16

Der Zufall wollte es, dass die Katze Berenice hieß. Und der Zufall wollte es, dass OliverTwist ein paar Gedichte auswendig konnte, die eine Schriftstellerin namens Olga Orozco für ihre Katze Berenice geschrieben hatte. Der Zufall wollte es auch, dass die Katze des fremden Mädchens eine Schwäche für Gedichte hatte und dass sie schwarz war wie die Katze aus den Gedichten. Und der Zufall wollte es, dass unsere Berenice die Angewohnheit hatte, sich stundenlang auf dem Mäuerchen zur Straße zu rekeln, der einzigen sonnigen Stelle in dem düsteren Garten. Manchmal will der Zufall lauter Dinge auf einmal und macht etwas, das unmöglich scheint, möglich.

All das fand OliverTwist heraus und kam mit der genialen Idee an, *ich* müsste die betreffenden Gedichte von ihm lernen. Durch sein Herrchen, den Bibliothekar, kennt OliverTwist viele Bücher, und an diesem Nachmittag erzählte er mir eine Geschichte, die uns später das Herz der Katze Berenice öffnen sollte.

Offenbar sang die Dichterin Olga gern, aber furchtbar schief. Sie sang schauderhaft schlecht. In ihren eigenen Ohren klang sie wie ein Engel, für fremde Ohren hundsmiserabel. Zu sagen, jemand, der schief singt, singt hundsmiserabel, finde ich zwar kränkend, aber das ist ein anderes Thema.

Wenn Olga Besuch bekam und musiziert wurde, blieb die Katze Berenice ungerührt in ihrem Körbchen in der Küche liegen, auch wenn die Gäste noch so gut sangen. Wenn jedoch die Dichterin Olga ein Lied vortrug – denn sie sang zwar schauderhaft schlecht, aber für ihr Leben gern –, verließ die Katze ihr Körbchen, huschte ins Wohnzimmer und lauschte ihrem Frauchen mit aufgestelltem Schwanz und großen grünen Augen, als könnte niemand auf der Welt besser singen.

Als die Katze starb, schrieb die Dichterin Olga mehrere Gedichte über sie. Darin sagt sie echt schöne Sachen, und OliverTwist war überzeugt, dass diese Sachen unserer Berenice gefallen würden. Katzen sind nämlich sehr eitel. Er sagt, ich müsste die Gedichte auswendig lernen, um sie unserer Berenice vorzutragen und mich mit ihr anzufreunden.

Gedichte, die ich nicht verstehe, kann ich mir nicht merken, aber OliverTwist hat sie mir immer wieder vorgesagt. Sie müssten mir nicht unbedingt gefallen, meinte er. Ich war froh, dass er das sagte. Ich fühle mich nämlich nicht gern verpflichtet, etwas gut zu finden.

Ich lernte also eins der Gedichte auswendig. Als ich es endlich konnte, überlegte ich, wie ich es anstellen sollte, es der Katze des fremden Mädchens vorzutragen. Dazu musste ich mich irgendwie davonstehlen und zu ihrem Haus laufen. Ich musste einen Weg finden, unserer Katze Berenice das Gedicht der Dichterin Olga über ihre eigene Katze Berenice zu Gehör zu bringen.

17

Pläne lassen sich nicht so leicht in die Tat umsetzen. Nachdem ich das Gedicht auswendig konnte, musste ich mit der Katze Berenice ins Gespräch kommen. Aber wie?

Am Sonntag saßen Héctor und Emi wieder auf der Gartenbank und zeichneten das Lehmhäuschen der Töpfervögel, das mittlerweile fertig war. Ich leistete ihnen Gesellschaft und hatte mich gerade in die Sonne gelegt, da bellte OliverTwist aufgeregt.

Ich sprang auf und lief ins Haus. Ava saß an die Wand gelehnt auf dem Boden und hielt sich den Kopf. Es roch stark nach den Pflanzen, die im Meer wachsen. Ich rannte wieder nach draußen und bellte. Ich bellte, rannte ein Stück Richtung Haus, bellte und lief wieder zurück. Und das ein paarmal hintereinander.

Héctor und Emi sahen mich an, als wäre ich verrückt geworden. Ich zog an Héctors Hosenbein. Als ich dann wieder bellte, verstanden sie meine Sprache endlich, standen auf und kamen mit.

Ava saß immer noch auf dem Boden und lehnte sich an die Wand, aber in einer ganz merkwürdigen Haltung. Ihr Oberkörper war zur Seite gekippt, sie hatte die Augen geschlossen, als wäre sie eingeschlafen.

Héctor umschloss mit seinen Fingern wie mit einer Zange ihr Handgelenk – später erklärte mir OliverTwist, dass das Blut, das bei jedem Herzschlag fließt, auch durch die Handgelenke strömt und man die Schläge spürt, wenn man sie so anfasst –, dann legte er Ava behutsam hin und lief in die Küche, um einen Krankenwagen zu rufen.

Emi war in Tränen ausgebrochen. Ich winselte instinktiv, machte mir dann aber klar, dass es Ava nicht helfen würde, wenn wir alle weinten und winselten.

Héctor sperrte OliverTwist und mich in die Küche. Das Blöde am Hundsein ist, dass man in schwierigen Situationen außen vor bleibt. Keiner erzählt einem

etwas, man muss sich aus dem, was man hört, sieht und riecht, alles selbst zusammenreimen, als würde man ein Puzzle zusammensetzen.

Einen Geruch wie den von Ava, als sie am Boden lag, hatte ich noch nie gewittert. OliverTwist meinte, er schon. Genauso hätte sein Herrchen gerochen, als er ins Krankenhaus gebracht wurde, bevor er starb.

Dieses eine Mal wäre es mir lieber gewesen, wenn OliverTwist nicht so viel gewusst hätte. Oder wenn er es mir nicht erzählt hätte.

Er bereute es auch sofort. Damit habe er nur sagen wollen, dass es Ava schlecht ging, beteuerte er. Damit habe er nicht sagen wollen, dass sie sterben würde!

Als die Männer vom Krankenwagen kamen, rochen wir durch die Küchentür Medikamente und Desinfektionsmittel. Wir hörten ihre Stimmen und Schritte, das Zuschlagen der Türen, Emis Weinen, das aufhörte und wieder anfing, Héctor, der sie zu beruhigen versuchte, aber mit sehr angespannter Stimme, kurz vorm Kippen.

Wir mussten hinter der geschlossenen Tür bleiben, ohne etwas zu sehen, ohne helfen zu können, ohne mitzubekommen, was die Männer vom Krankenwagen und Héctor hastig und viel zu leise für uns miteinander besprachen.

Plötzlich wurde Héctor laut und holte so tief Luft, als hätte er vorher vergessen zu atmen. Emi schluchzte und ihre Stimme war ganz hoch, so wie früher, als sie noch klein gewesen war.

Irgendwann konnte sich OliverTwist nicht mehr auf den Beinen halten und verkroch sich unter dem Tisch. Er sagte, ihm sei zumute, als würde er das mit seinem Herrchen noch einmal erleben. Aber daran wollte ich nicht mal denken. Das durfte nicht sein! Mit Ava durfte nicht dasselbe passieren wie mit dem Bibliothekar.

An diesem Abend kehrten Emis Eltern von ihrer Reise zurück, aber niemand kam nach Hause. Niemand machte Licht an. Draußen fuhren Autos vorbei, wir hörten Fußgänger und ein paar Kinder mit Skateboards und Fahrrädern. Die Hunde des Viertels bellten wie jeden Abend ihr dummes Geschwätz durch die Gegend.

Mehrmals klingelte in der dunklen Küche Avas Handy, das noch auf dem Tisch lag. Es leuchtete auf,

vibrierte und bewegte sich, als wäre es lebendig. Irgendwann erlosch es wieder. OliverTwist und ich machten die ganze Nacht kein Auge zu.

18

Am nächsten Morgen kam Héctor, duschte, packte eine Tasche, füllte unsere Näpfe mit Fressen und Wasser und setzte sich kurz in die Küche, um zu telefonieren. Er sah wie ein Schlafwandler aus. Und uralt. Für mich war Héctor nie alt gewesen. Bei Menschen sind für uns Hunde nicht die Jahre entscheidend, sondern ihre Ausstrahlung. An diesem Tag, dem Morgen nach dem Vorfall mit Ava, war Héctor plötzlich uralt.

Durch das Telefonat erfuhren wir, dass Ava einen Schlaganfall gehabt hatte. OliverTwist wusste sofort, was das ist, und als wir wieder allein waren, wiederholte er das Wort ein paarmal, damit ich es mir einprägen konnte. Das Schlimmste war überstanden, aber es würde Langzeitfolgen geben. Noch ein Wort, das ich nicht kannte.

»Ein Nachspiel«, sagte OliverTwist, als würde das irgendetwas erklären. »Das sind Spätfolgen, Folgeerscheinungen, Nachwirkungen.«

Héctor erzählte den Leuten, mit denen er telefonierte, man könne noch nicht sagen, welche Langzeitfolgen der Schlaganfall haben würde.

»Schlaganfall im Hühnerstall«, reimte OliverTwist, nachdem Héctor wieder ins Krankenhaus gefahren war.

Was sollte das? Ich bekam eine Wut auf ihn, dass er in so einer ernsten Situation witzig sein wollte.

Am Nachmittag traf Emis Mutter ein, ließ uns eine Weile in den Garten und kümmerte sich um OliverTwists wunde Stellen. Das machte sie mit einer Hand und telefonierte mit der anderen.

Allen, mit denen sie sprach, erzählte sie, dass sie sich nur um OliverTwist kümmere, weil ihr Vater sie darum gebeten habe. Dass es sie große Überwindung koste, dass er widerlich sei, dass es ihr gerade noch gefehlt habe, einen räudigen Hund zu versorgen.

»Ich glaube, ich verziehe mich bald wieder auf

die Straße«, sagte OliverTwist, als Emis Mutter fort war.

»Das darfst du nicht machen!«, erwiderte ich.

»Klar darf ich das.«

»Dann kriegst du wieder die Krätze.«

»Das ist keine Krätze, das ist eine Infektion.«

»Sie heilt bestimmt bald ab. Du musst Geduld haben.«

»Emis Mutter will mich nicht behandeln und Ava ist nicht da.«

»Du musst einfach daran denken, dass es irgendwann nicht mehr juckt! Ob Emis Mutter dich gern behandelt oder nicht, ist doch egal. Hauptsache, sie tut es und das Jucken hört auf. Für immer.«

Ein Glück, dass mir das eingefallen war! Bei der bloßen Vorstellung leuchteten OliverTwists Augen auf. Manchmal bin ich selbst beeindruckt, wie schlau ich sein kann, wenn ich jemanden von etwas überzeugen will.

Dabei wollte ich in Wahrheit bloß nicht allein bleiben. Ich war nicht mehr eifersüchtig auf OliverTwist. Mir fehlte der Park, mir fehlte Leo, mir fehlte sogar Armando, aber am schlimmsten war der Gedanke,

wieder der einzige Hund im Haus zu sein. Ich unterhielt mich gern mit OliverTwist und mit ihm zusammen war alles leichter zu ertragen.

»Bitte geh nicht fort!«, sagte ich.

Noch nie hatte ich einen Freund um so etwas gebeten. Doch in dieser Nacht kletterte OliverTwist auf den Zaun wie eine Katze, von dort aufs Tor und vom Tor sprang er auf die Straße. Er bat mich durch den Zaun um Verzeihung.

Ihn zu bitten, nicht fortzugehen, war mir nicht leichtgefallen. Ich dachte gar nicht daran, ihm zu verzeihen! Mit meinen kurzen Beinen konnte ich ihm unmöglich folgen. Er ließ mich allein.

»Du räudiger Hund!«, kläffte ich.

Danach konnte ich nicht schlafen, weil sich alle Traurigkeit der Welt in der Küche versammelt hatte.

19

Wie viele solche Tage folgten, weiß ich nicht genau. Um sie zu zählen, könnte ich überlegen, wie oft Héctor kam und wie oft Emis Mutter, und den Tag dazuzählen, an dem niemand kam, und den Tag, an dem Emi und ihre Mutter zusammen kamen und Emi ganz furchtbar nach Hefe und bitterer Zitrone roch und mich kein einziges Mal streichelte und mir nicht in die Augen sah.

Es waren schreckliche Tage. Ich hatte das Gefühl, das Leben würde jetzt immer so sein. Meine Näpfe waren leer und ich wusste nicht, wann wieder jemand auftauchen und mir zu fressen geben würde.

Ich hätte dringend Gassi gehen müssen und hielt so lange wie möglich durch, aber manchmal konnte ich nicht mehr und hinterließ eine Pfütze an der Waschmaschine oder am Bein des Küchentischs. Héctor schimpfte nie mit mir, sondern wischte die Pfützen schweigend auf, während er offenbar an etwas anderes dachte und dabei so heftig nach Zitrone roch, dass ich am liebsten losgeheult hätte.

Emis Mutter telefonierte meistens mit ihren Freundinnen. Sie sprach von mir als »dem Hund«. *Dann hat der Hund auch noch in die Küche gepinkelt*, erzählte sie, als hätte ich es absichtlich getan oder wäre nicht ganz dicht. Und als wüsste sie nicht, dass ich Lilo heiße!

Immerhin erfuhr ich von ihr, dass es Ava besser ging, sie aber noch nicht entlassen wurde. Was das heißen sollte, wusste ich nicht und bekam einen Hass auf OliverTwist, weil er nicht da war, um es mir zu erklären. Traurig *und* wütend zu sein ist nicht schön. Überhaupt nicht schön.

Irgendwann kehrte Ava dann zurück, kam mit unsicheren Schritten herein. Erst begriff ich nicht, was los war, bis ich merkte, dass sich ihre eine Hälfte nicht bewegte. Wenn sie lachte, lachte der Mund auf der einen Seite nicht mit. Wenn sie ging, musste sie

das Bein nachziehen und auch der Arm auf dieser Seite bewegte sich kaum. Eine Seite von Ava schlief den ganzen Tag.

Morgens kam eine Frau in Himmelblau und beide zogen sich ins Schlafzimmer zurück und machten irgendwelche Übungen. Dann hörte man: »Eins, zwei, drei, so ist's recht, mit Kraft, mehr, mehr, langsam, jetzt, macht nichts, noch mal, sehr gut«, und so weiter.

Manchmal, wenn Ava und ich uns im Haus begegneten, sah sie mich lange an und holte Luft, um etwas zu sagen, aber es kam nichts. Oder sie gab Laute von sich, bekam aber keine Wörter zusammen. Oder sie fing an zu reden und blieb stecken und verstummte, und ihre Augen hatten einen Ausdruck, den ich von

ihr nicht kannte. Héctor kümmerte sich um sie wie um ein kleines Kind.

Eines Tages verkündete Héctor, die Vogeljungen seien geschlüpft. Emi, Ava und er gingen in den Garten, und Héctor erzählte, in der Abenddämmerung würde der Vogelpapa Glühwürmchen herbeirufen, damit die Vogelfamilie in ihrem Lehmhäuschen Licht hatte. Man hätte denken können, Ava und Emi wären gleich alt.

»Wie kleine Lampen, die an- und ausgehen, Oma!«, sagte Emi.

Sie malte mit Wasserfarben die Vogelmama mit ihren Jungen und wie die Glühwürmchen um das Häuschen flatterten.

Ava gefiel das Bild sehr. »Wunderschön«, sagte sie.

»Wunderschön, das ... das ... das ...« Sie schnaubte, weil ihr das Wort nicht einfiel.

Héctor umarmte sie. »Das Häuschen?«, fragte er.

Doch Ava schüttelte den Kopf.

»Das Vogelweibchen?«

Wieder schüttelte Ava den Kopf. »Das ... das ... das ...«, sagte sie und schnaubte erneut.

»Das Bild?«, fragte Emi.

Ava nickte.

»Bald bist du wieder gesund«, sagte Héctor.

Emi nahm Avas Hand und drückte viele Küsse drauf. Sie zählte mit. »Eins, zwei, drei, vier, fünf Küsse, einen auf jeden Leberfleck!«

Ich fand ja, dass Ava ziemlich gesund wirkte. Etwas war nicht in Ordnung damit, dass sie nur mit dem halben Mund lächelte, dass nur ihr halbes Gesicht Falten bekam und das schlafende Auge immer offen stand. Trotzdem war sie noch Ava. Sie ärgerte sich, wenn sie etwas sagen wollte und es nicht herausbrachte, und sie ärgerte sich noch mehr, wenn andere es für sie sagten. Emis Mutter, die es meist eilig hat, führte immer Avas Sätze zu Ende. Darüber ärgerte sich Ava ganz besonders.

Eines Tages saßen Héctor, Ava, Emis Mutter und Emi in der Küche.

»Wäre es dir lieber, wenn wir warten, bis du das Wort allein findest?«, fragte Héctor Ava.

Ava lächelte mit dem halben Mund und strahlte mit dem halben Gesicht. »Ja bitte!«

Ab da lernten alle, Geduld zu haben. Jeden Tag mussten sie einen Riesenberg Geduld auftürmen und erklimmen, sogar Héctor, obwohl er mehr Geduld hat als alle anderen zusammen.

Ich lernte ebenfalls, viel Geduld zu haben. Wenn Ava meinen Napf nachfüllte, dauerte es ewig, weil sie alles nur mit einer Hand machte. Ich hatte aber Hunger, und die ersten paar Male sprang ich hoch und stellte die Pfoten auf die Arbeitsplatte. Später begriff ich, dass sie das stresste, weil es nun mal nicht schneller ging, und ab da blieb ich ruhig sitzen und wartete, wartete, wartete.

Héctor erklärte Emi, Ava müsste alles Mögliche neu lernen, was sie früher gekonnt, durch die Krankheit aber vergessen hatte. Was ihr Körper vergessen hatte.

»Etwas neu zu lernen, das man schon mal konnte, ist schwer«, fügte er hinzu.

In dieser Zeit, von der ich nicht weiß, wie lange sie dauerte, wurde alles unwichtig, was mir vorher wichtig gewesen war. Ich ging nicht mehr in den Park, ich sah Muriel nicht mehr, ich dachte fast nie mehr daran, dass ich nicht reinrassig war und zu kurze Beine hatte. Meine Welt drehte sich nur noch um Ava.

Wenn Emi ab und zu vorbeikam, nahm ich wahr, wie sie roch. Nicht wittern geht nicht bei uns Hunden. Manchmal roch Emi nach Hefe. Manchmal nicht. Manchmal machte sie *klack klackklack* am Handy. Manchmal nicht.

An manchen Tagen war Ava schrecklich traurig oder ungeduldig, dann wieder war eine Stille um sie herum, wie ein Burggraben um eine Festung. Das waren die einzigen Tage, an denen mir Ava Angst einjagte. Ich verzog mich in den Garten, legte den Kopf auf die Pfoten und versuchte zu schlafen oder an etwas Schönes zu denken.

Wenn mir alles zu viel wurde, machte ich etwas kaputt. Ja, ich bin schon groß und weiß, dass sich das nicht gehört, aber manchmal war ich so nervös, dass ich wieder zum Welpen wurde.

In meiner Welpenzeit habe ich vier Paar Hausschuhe und eine Gummiente von Emi zerkaut, ich habe ein Bein vom Küchentisch zernagt, eine Ecke vom Teppich, Medikamentenschachteln, ein Sofakissen, meinen eigenen blauen Plastiknapf und andere Gegenstände, an die ich mich nicht mehr erinnere. Viele Gegenstände. Das passierte immer dann, wenn ich allein gelassen wurde und meine Besitzer ohne mich spazieren gingen oder wenn sie Ausflüge planten, bei denen sie mich garantiert nicht mitnehmen würden.

Als ich ein Jahr alt war, habe ich das Handy von Emis Mutter zerkaut, weil sie mich in die Waschküche eingesperrt hatte und es auf der Waschmaschine liegen ließ. Sie verfolgte mich durchs ganze Haus und wollte mich mit einem Hausschuh verprügeln, aber in letzter Sekunde kam Ava dazu und sagte, sie dürfe mich nicht schlagen. Ich würde nicht verstehen, warum sie so böse war.

Da legte ich die Ohren an und bat Emis Mutter um Verzeihung, indem ich geduckt auf sie zukroch. Doch sie sah mich nur hasserfüllt an und warf mir den Hausschuh an den Kopf. Ich heulte, als hätte sie mir den Schädel eingeschlagen, dabei hatte es eigentlich nicht besonders wehgetan. Dass sie mit verzerrtem Gesicht hinter mir hergerannt war, hatte mir einen solchen Schreck eingejagt, dass alles andere halb so schlimm war.

Weil ein Unglück zum nächsten führt, rede ich manchmal lieber gar nicht über schlimme Sachen. Sonst fallen mir ganz viele ein und ich denke den ganzen Tag an nichts anderes. Okay, ich übertreibe gern, aber manchmal kann einem eine Stunde so lang vorkommen wie ein ganzer Tag.

Die Tage von Avas Krankheit waren so lang wie Monate oder sogar Jahre. Aber sie gingen vorbei. Für mich war alles besser als das leere Haus. Außerdem lernte Ava jeden Tag etwas dazu und das machte alle glücklich.

Eines Nachmittags, als wir alle im Garten waren und Héctor die Vogeljungen zeichnete, die gerade fliegen lernten, hörte ich jemanden bellen. Da, am Zaun, stand OliverTwist. Er war so verändert, dass ich der Einzige war, der ihn sofort erkannte. Nämlich am Gebell.

20

OliverTwist war völlig verwandelt. Sein graues Fell war lockig und glänzend, an der Pfote, die vorher rosa und kahl gewesen war, trug er ein weißes Stiefelchen. Eigentlich war er ein schöner Hund.

»Ist das nicht der Hund vom Bibliothekar?«, fragte Héctor, der in ihm noch nie den Hund vom Bibliothekar wiedererkannt hatte.

»Oliver«, sagte Ava.

»OliverTwist«, berichtigte Héctor sie.

Und Ava betrachtete OliverTwist, als wäre er nicht derselbe Hund, der vor ihrer Krankheit bei uns gelebt hatte.

»Das ist doch Lilos Freund!«, begriffen beide dann gleichzeitig.

Aber OliverTwist war nicht mehr mein Freund.

»Wie schön, dass er wieder gesund ist!«, sagten sie.

Ich rappelte mich hoch und lief ins Haus, ohne mich noch einmal umzudrehen. Mein Herz schlug zum Zerspringen. Dabei wäre ich so gern an den Zaun gelaufen und hätte OliverTwist angebellt! Hätte ihn gefragt, was, wann, wie. Hätte ihm gesagt, dass ich mich freute, ihn von seiner Krätze – oder wovon auch immer – geheilt zu sehen. Doch er hatte mich im Stich gelassen, und mit einem Verräter wollte ich nicht befreundet sein.

Kurz darauf kam er in die Küche und robbte geduckt auf mich zu, so wie die Soldaten in Héctors Filmen, wenn sie sich aus dem Schützengraben wagen. Er wedelte mit dem Schwanz und legte schuldbewusst die Ohren an, aber seine Augen funkelten dabei fröhlich, als wäre er sicher, dass ich ihn unwiderstehlich finden würde.

Ich knurrte.

»Lilo!«, mahnte Ava, die hinter ihm hereingehumpelt kam.

Die Menschen sagen zu allem ihre Meinung, auch wenn sie keine Ahnung haben. Auf einmal war ich

der Böse – das durfte ja wohl nicht wahr sein! Was wusste Ava denn schon von den einsamen Nächten, die mir der Verräter bereitet hatte!

Ich verzog mich in die Waschküche und hörte, wie Héctor mich *unbegreiflich* nannte. Ich – unbegreiflich? Unbegreiflich ist ein Freund, der dich in der schlimmsten Zeit deines Lebens alleinlässt.

OliverTwist folgte mir, duckte sich auf der Schwelle der Waschküche auf den Boden wie die Soldaten, wedelte mit dem Schwanz und wollte wieder mein Freund sein.

Ich knurrte noch einmal.

Daraufhin legte er sich auf den Rücken, streckte die Beine in die Luft und entblößte den Bauch. Das sollte bedeuten, dass er sich mir unterwarf.

»Verzeih mir!«, bat er.

Doch ich lief an ihm vorbei, als wäre er ein Schrubber, und kehrte in den Garten zurück.

Ich glaube, so aufgebracht war ich noch nie. Je länger ich darüber nachdachte, desto aufgebrachter wurde ich. Was fiel ihm ein, jetzt anzukommen und mich um Verzeihung zu bitten, sodass sich ein Teil von mir über das Wiedersehen freute und ein ande-

rer Teil von mir stinksauer war? Auf welchen der beiden Teile sollte ich hören?

Was bildete sich OliverTwist eigentlich ein? Erst hatte er erreicht, dass ich ihn lieb gewann, dann hatte ich aufhören müssen, ihn lieb zu haben, und jetzt tauchte er plötzlich auf und ich sollte ihn wieder lieb haben?

OliverTwist kam mir auch in den Garten nach und rezitierte mit lautem Geheul ein höchst sonderbares Gedicht.

In Tränen gebadet bin ich Tag und Nacht,
zerreiße die Luft mit Schluchzen und Klage,
doch schmerzt mich am meisten,
was ich dir nicht zu sagen wage –
dass du *mich in dieses Elend gebracht.*

Nicht nur bellte er es wieder und wieder (wahrscheinlich, damit ich auch wirklich begriff, dass er durch meine Schuld in Tränen badete – von wegen!), er heulte dabei auch noch, als würde er abgemurkst.

Héctor und Ava schauten uns von der Küchentür aus zu. OliverTwist hatte sich hingesetzt und legte

den Kopf in den Nacken wie ein Wolf, der den Mond anheult.

Ich fand dieses altertümliche Liebesgedicht völlig fehl am Platz. Wir waren schließlich Hunde! Die ganze Situation war lächerlich.

Was dann geschah? Ich musste plötzlich lachen. Laut. Schallend. Ich lachte so sehr, dass mir fast die Zähne ausfielen.

»Ein richtiges Konzert!«, sagte Héctor, denn OliverTwists Geheul und mein Lachen, das aus vielen kurzen Kläfflauten bestand, klangen tatsächlich wie ein Hundeorchester. Na schön, ich übertreibe wieder mal: wie ein Hundeduett.

Kaum hatte ich mich wieder eingekriegt, meinte OliverTwist, er müsse mir etwas ganz Großartiges erzählen. Eigentlich wollte ich ihm weiter böse sein, merkte aber, dass ich ihm gar nicht mehr so böse war, oder anders gesagt, dass meine Neugier auf das Großartige stärker als mein Ärger war.

Also erwiderte ich, in Ordnung, ich würde ihm zwar noch nicht verzeihen, aber er solle mir das Großartige erzählen.

21

OliverTwist hatte einen Nachmittag in seinem früheren Zuhause, der Bibliothek, verbracht.

»Ich kam vorbei und sah eine Menge Kinder, die alle gleichzeitig reingegangen sind. Das Mädchen aus dem verlassenen Haus war auch dabei.«

»Das Haus ist nicht verlassen.«

»Weiß ich doch, aber es sieht verlassen aus.«

Wobei das nicht das Großartige war. Das Großartige war, dass sich OliverTwist in die Bibliothek reingeschlichen und an einem Kurs teilgenommen hatte, in dem man Geschichten schreiben lernte. Die Lehrerin sagte, die Kinder sollten an etwas denken, das ihnen passiert war, als sie noch klein gewesen waren. Dazu sollten sie die Augen schließen.

»Vor mir saßen lauter Kinder und wir hatten alle die Augen zu. Und dann hat uns die Lehrerin Fragen gestellt. Hast du vielleicht auch Lust?«

»Worauf denn?«

»Auf das Spiel. Du denkst an etwas, das dir als Welpe passiert ist, und ich stelle dir Fragen.«

Ich wusste aber nicht, woran ich denken sollte.

»An irgendwas, das dir einfällt, wenn ich bis drei gezählt habe. Nein, bis fünf. Dann machst du die Augen zu und ich stelle dir ein paar Fragen. Eins ... zwei ... drei ... vier ... fünf!«

Mir fiel ein, wie Emi und ich in meinem ersten Sommer bei ihr am Strand gewesen waren.

»Wo bist du? Lass die Augen zu! Wo bist du?«

»Was soll das heißen? Ich bin hier, bei dir.«

»Nein, wo bist du in deiner Erinnerung?«

»Am Strand.«

»Du brauchst es nicht zu sagen. Konzentrier dich einfach auf das, was du in deinen Gedanken siehst.«

»Wie meinst du das nun wieder?«

»Ich stelle dir gleich ein paar Fragen. Und du tauchst in deine Erinnerung ein. Damals warst du also am Strand.«

»Ja.«

»Sag nichts. Richte dein inneres Auge darauf. Du bist am Strand. Bist du allein?«

»Nein. Emi ist auch da.«

»Du sollst es mir nicht erzählen, habe ich gesagt! Ist es heiß? Oder kalt? Ist es windig?«

Die Luft ist angenehm warm, es riecht nach Salz und leicht nach Fisch und nach warmen Steinen und seltsamen Pflanzen, die Emi und ich am Ufer gefunden haben, ganz weiche, nasse Pflanzen. Als ich reinbeiße, schmecken sie nach Meer. Emi lässt mich kein Meerwasser trinken, weil es mir nicht bekommt, sagt sie, aber als der Schaum heranschwappt, muss ich danach schnappen, denn er geht auf mich los und will mir die Pfoten lecken.

Sobald ich stehen bleibe, schließt sich der Sand um meine Pfoten und ich sinke ein, als hätte mich jemand eingepflanzt, und das Wasser bildet Pfützen an den Stellen, wo meine Pfoten einsinken. Ich bin ein Baumhund. Ein Meerbaumhund.

Ich reiße mich los und renne, renne, renne, um nicht wieder zum Baum zu werden. Am Ufer weht ein feuchter Wind.

Emi rennt auch. Sie geht ins Wasser, lässt sich von den Wellen umwerfen. Mir machen die Wellen Angst, aber Emi schreit fröhlich, und ich belle und springe und bin so glücklich, dass ich ganz außer mir bin.

Ich wälze mich im heißen Sand und bekomme lauter Körner ins Maul. Am Strand ist alles salzig, alles schmeckt nach Meer: Emis Haut, ihre Hände mit den Tropfen vom Eis, der Schinken von ihrem belegten Brötchen, das Stück Brot, der Käse. Sogar das Wasser, das Ava von zu Hause mitgenommen hat und mir in einem Napf hinstellt, ist ein bisschen salzig.

Emi läuft mit mir zu einer Sandbank und sagt, wir sind Piraten. Wir klettern auf ein Brett, das jemand am Strand liegen gelassen und das Héctor zu der Sandbank hingeschleift hat. Das Brett ist ein Schiff. Emi und Héctor sagen aber nicht *Schiff* dazu, sondern *Kahn*. Emi schwingt einen Stock durch die Luft, ihr Schwert. Gleich erobern wir das feindliche Schiff.

»Fertig zum Entern, mein treuer Lilo!«, ruft Emi und springt auf das Brett. »Jetzt besiegen wir die bösen Piraten!«

Sie ist so glücklich und so überzeugt, eine Pira-

tin zu sein, dass ich die Piraten ebenfalls sehe und kläffe und knurre und in die Luft beiße, in Hakenhände und Holzbeine. Plötzlich trifft Emi bei einem Schwerthieb gegen einen Piraten aus Versehen meinen Rücken.

Es tut furchtbar weh! Ich heule auf und renne zum Sonnenschirm. Emi kommt hinterher und umarmt mich, drückt die Nase an meine.

»Lilo, Lilo, mein allerliebstes Hündchen! Entschuldigung, Entschuldigung, Entschuldigung. Ich hab dich lieb, ichhabdichliebichhabdichliebichhabdichlieb.« Emi sieht aus, als müsste sie auch gleich weinen. »Hab ich dir sehr wehgetan?«

Doch die Schmerzen sind plötzlich verflogen. Es ist wunderschön, so mit Emi zu spielen. Zu spüren, dass sie mich lieb hat, und zu hören, wie sie es sagt. Ich kann gar nicht genug kriegen von ihrem Geruch nach Keksen und Meer.

»Und jetzt erzähl mir, was du gesehen hast!«, sagte OliverTwist, und es war, als würde er mich aus einem Traum reißen. »Die Kinder mussten es aufschreiben, aber du kannst es mir erzählen.«

Das tat ich, und OliverTwist fand, das sei eine Erinnerung, die man nicht vergessen dürfe, und er würde sie für mich im Gedächtnis behalten.

Anschließend erzählte er mir das Allerschönste. An jenem Nachmittag in der Bibliothek war ihm klar geworden, was er werden wollte: ein fahrender Sängerhund.

»Was ist das?«, fragte ich, denn ich kannte das Wort *Sängerhund* nicht.

»Die fahrenden Sänger lebten im Mittelalter. Sie verdienten sich ihren Lebensunterhalt, indem sie sangen und Geschichten erzählten. Ich will ein fahrender Sängerhund werden. Dann trage ich Geschichten von anderen Hunden zusammen und erzähle sie auf Plätzen und Straßen.«

Noch nie hatte ich OliverTwist so glücklich erlebt. Unwillkürlich sehnte ich mich wieder danach, Emi zu riechen, ihr den Arm mit dem süß-salzigen Geschmack abzulecken und die Nase an ihre zu drücken.

»Und was ist mit dem Mädchen aus dem verlassenen Haus?«

»Ich habe neue Spuren«, erklärte OliverTwist. »Es ist an der Zeit, dass du Berenice aufsuchst.«

22

... unberührt in deiner makellosen Schwärze
vom Gesicht bis zum Schwanz,
sogar noch wundersamer als die Grinsekatze ...

Ich hatte das Gedicht pausenlos geübt, obwohl ich es nicht richtig verstand. In dieser Woche gelang es mir dreimal, Héctor beim Spaziergang zu überholen und es der Katze Berenice vorzutragen.

Am ersten Tag reagierte sie nicht, als ich *unberührt in deiner makellosen Schwärze vom Gesicht bis zum Schwanz* bellte.

Hörte sie überhaupt zu?

Ich machte trotzdem weiter und sah sie dabei an. Die Beschreibung traf genau auf sie zu, so schwarz, wie sie da in der Sonne lag und eine Pfote und den Schwanz über das Mäuerchen zur Straße hängen ließ.

Katzen können anscheinend überall schlafen. Sogar wenn sie im Sitzen schlafen, sieht es bequem aus. OliverTwist sagt, sie tun nur so, als würden sie tief schlafen, in Wirklichkeit müssen sie dazu auf dem Rücken liegen, mit dem Gesicht nach oben. Aber vielleicht wachen Katzen schneller auf als wir, sagt er. Sie sind sofort wach, sodass man sie nie überrumpeln und packen kann.

Am zweiten Tag schaffte ich es, der Katze Berenice auch die dritte Verszeile vorzutragen. Da streckte sie sich träge, fuhr die Krallen aus und bewegte die Ohren vor und zurück, machte die Augen aber immer noch nicht auf.

»Katzen verstellen sich gern«, wusste OliverTwist. »Sie mögen es nicht, wenn man ihre Gefühle erkennt, außer, sie sind wütend. Aber wenn sie sich so strecken, fühlen sie sich wohl, das hast du sicher gemerkt.«

Ja, das hatte ich gemerkt.

Am dritten Tag wusste ich, dass Berenice mir zuhörte, denn kaum hatte ich mit meinem Vortrag begonnen, öffnete sie die Augen und leckte sich die Schnurrhaare. Ihre geschlitzten Augen waren grün, und ihr Blick wirkte auf mich ein bisschen hinterhältig, aber OliverTwist meinte, das sei ein Irrtum, Katzen täten nur so hinterhältig, damit man sie nicht durchschaute.

»Uns Hunden kann das nur recht sein. Viele Leute mögen uns lieber, weil sie glauben, dass Katzen gleichgültig und hinterhältig sind«, fügte er hinzu.

Als Ava und Héctor an diesem Abend ins Bett gingen, erklärte mir OliverTwist, wie wir weiter verfahren würden. Er sagte, er würde ein paar Tage bei uns bleiben, um seinen Plan auszuführen. Wenn Berenice die Augen aufmachen und mich ansehen würde, sei sie bereit für die nächste Phase.

Das Problem war: Ich brauchte genug Zeit, um die Katze zu überreden, uns zu helfen. Aber wie sollte ich das anstellen? Dazu fiel mir nichts ein. Daraufhin erläuterte mir OliverTwist seinen Plan. Einen Plan, den er von Anfang an im Kopf gehabt, mir aber noch nicht erzählt hatte.

»Was glaubst du wohl, warum du das Gedicht aus-

wendig lernen solltest? Ich hätte es ihr auch selbst vortragen können.«

Ich fand seinen Plan gut, aber schon beim Gedanken, ihn auszuführen, sträubte sich mir das Fell. Darum behauptete ich, ich fände den Plan blöd. Dabei stimmte das gar nicht, und das merkte Oliver-Twist auch.

»Wer etwas erreichen will, muss manchmal Dinge tun, die ihm nicht gefallen«, sagte er.

In dieser Nacht schrillte es die ganze Zeit in meinen Ohren: Nein – Neinneinneinneinneinneeeiiin!

23

Als ich am nächsten Morgen die Augen aufschlug, sah mich OliverTwist eindringlich an.

»Doch!«, sagte er.

Keine Ahnung, ob er mich im Schlaf hypnotisiert hatte, jedenfalls leuchtete mir sein Plan bei Tageslicht plötzlich ein. Oder ich sah mich nun doch in der Lage, seine Idee in die Tat umzusetzen. Auf alle Fälle überlegten wir nun gemeinsam, wann der richtige Zeitpunkt dafür gekommen war.

Im Grunde hätte ich es bis in alle Ewigkeit aufschieben können. Denn es ist eine Sache, was man sich gleich nach dem Aufwachen zusammen mit einem Freund überlegt, der einen eindringlich ansieht und durch Hypnose zu einem Ja zwingt. Aber es ist etwas ganz anderes, wenn der Tag verstreicht und ein Plan mehr Mut erfordert, als man verspürt.

Doch wieder einmal wollte der Zufall lauter Dinge auf einmal – oder so sah es zumindest aus. Denn ausgerechnet an diesem Nachmittag kam Emi vorbei, ging geradewegs in ihr Zimmer, ohne vorher Tee zu trinken, und wollte niemandem die Tür aufmachen, nicht Ava und auch nicht Héctor, der ihr die Vogeljungen zeigen wollte. Sie reagierte nicht mal auf Klopfen.

Der Hefegeruch war so stark, dass ich ihn sogar durch den Türspalt witterte. Ich hörte Emi mit Clara telefonieren, aber vielleicht war sie unter die Bettdecke gekrochen oder so, denn ich konnte nichts verstehen.

Da half nur eines, und ich wusste genau, was.

OliverTwist freute sich über meinen Entschluss. Ava hatte ihre Gewohnheit wieder aufgenommen, den Gehweg vor dem Zaun zu fegen. Allerdings ging es jetzt langsamer, und manchmal fegte sie aus Versehen in die falsche Richtung und die Blätter stoben wieder auseinander.

Als sie am Spätnachmittag das Gartentor öffnete

und hinausging, nutzte ich die Gelegenheit. Sobald Ava mir den Rücken zuwandte, huschte ich auf Pfotenspitzen davon.

Und was geschah dann?

Kann ein einzelner Hund so viel Pech haben? Wer tauchte ausgerechnet in diesem Augenblick an der Straßenecke auf, sodass ich sie nicht kommen sah?

Ich hätte kehrtmachen oder mich verstecken können, aber alles ging viel zu schnell, und ich wollte unbedingt verhindern, dass Ava mich entdeckte. Und wenn ich umgekehrt wäre, hätte ich möglicherweise nicht noch einmal genug Mut aufgebracht. Darum lief ich weiter. Wobei mir durchaus bewusst war, dass ich das, was gleich passieren würde, hätte vermeiden können. Doch ich lief schnurstracks darauf zu, so wie wenn zwei Züge zusammenstoßen.

Denn wem begegnete ich unter dem Pfosten mit dem Straßenschild? Wer sah mich zum allerersten Mal von vorn bis hinten und von oben bis unten? Wer hatte bis dahin nur mein Gesicht gekannt und sah jetzt, dass ich ein Zwerghund mit kurzen Beinen bin?

Richtig: Muriel!

Es half nichts, dass ich an ihr vorbeiflitzte. Vielleicht machte es sogar alles noch schlimmer, weil es falsch verstanden werden konnte. Womöglich dachte Muriel, ich würde vor ihr weglaufen. Aber ich rannte ganz instinktiv trotzdem weiter.

Als ich später darüber nachdachte, kam ich zu folgendem Schluss: Nachdem mich Muriel von vorn bis hinten und von oben bis unten gesehen hatte, interessierte es sie bestimmt sowieso nicht mehr, ob ich vor ihr weggelaufen oder aus einem anderen Grund weitergerannt war.

Am liebsten hätte ich den ganzen Plan vergessen und mich vor ein Auto geworfen. Um weiterzumachen, musste ich mich gewaltig zusammenreißen und an Emi und Ava denken und daran, wie glücklich wir gewesen waren. Ich dachte auch an OliverTwist, meinen Freund. Wenn ich jetzt aufgab, wäre er schrecklich enttäuscht von mir.

24

Und so kam ich zu dem verlassenen Haus, das nicht verlassen war, aber so wirkte, und in dem die Katze Berenice wohnte, die genauso aussah wie die Katze Berenice der Dichterin Olga, aber nicht die Katze Berenice der Dichterin Olga war. Sie wohnte hier zusammen mit dem Mädchen mit dem Hefegeruch, das Emi offenbar zum Weinen brachte und Caja hieß.

Aber der Reihe nach.

OliverTwist hatte mir geraten, Berenice um Erlaubnis zu bitten, das Haus zu betreten. Darum lief ich erst zum Mäuerchen und trug ihr wieder das Gedicht vor. Doch noch bevor ich zu der Zeile mit der Grinsekatze kam, begann sie sich zu strecken.

»Ist das das einzige Gedicht, das du kennst?«, fragte sie.

Ich ging nicht darauf ein und konzentrierte mich stattdessen darauf, wie genüsslich sie sich streckte. Sie machte einen Buckel, bog ihn durch, machte die Vorderbeine lang, fuhr erst die Krallen der einen Pfote aus und dann die der anderen, zog die Krallen wieder ein, riss das Maul weit auf, streckte mit geschlossenen Augen die Zunge raus und schüttelte zum Schluss die Hinterläufe, als wollte sie Wassertropfen abschütteln. Dann richtete sie die grünen Augen auf mich.

Es sei schwer zu durchschauen, was Katzen denken, hatte mich OliverTwist gewarnt, aber ich hatte ein ungutes Gefühl und hätte am liebsten die Flucht ergriffen. Womöglich gefiel ihr das Gedicht nicht mehr.

»Hast du es dir selbst ausgedacht?«, schob Berenice in gleichgültigem Ton nach.

Beinahe hätte ich Ja gesagt, tat es dann aber doch nicht. Wenn ich der Katze weismachen wollte, das Gedicht wäre von mir, würde unser Plan nicht aufgehen.

»Nein. Dieses Gedicht hat sich die Dichterin Olga Orozco ausgedacht«, antwortete ich und erzählte ihr von der Katze der Dichterin und was die Katze tat, wenn Olga sang.

Ein Glück! Die Geschichte gefiel ihr. Keine Ahnung, warum. Das hat sie mir nie verraten. Rasch erklärte ich ihr, warum ich hier war. Allerdings sagte ich nicht die Wahrheit, sondern behauptete, dass ich ein paar Tage Urlaub nötig hätte.

Berenice war sehr schwarz und wirkte hinterhältig, roch aber nicht so. Sie roch nach trockener Erde, nach Staub und ein bisschen nach Lavendel. Das lag daran, erfuhr ich später, dass ihr Lieblingsplatz im Haus der Schrank der Großmutter war, und dort lagen Lavendelsäckchen zwischen den Kleidern. Wenn auf dem Mäuerchen keine Sonne mehr war, hielt Berenice im Kleiderschrank der Großmutter ein Schläfchen.

Sie kniff die Augen zusammen und wollte wissen, warum ich denn Urlaub nötig hätte.

»Wirst du bei dir zu Hause schlecht behandelt?«, fragte sie, noch immer in ziemlich gleichgültigem Ton.

»Nein. Ava und Héctor sind die besten Herrchen der Welt.«

»Warum brauchst du dann Urlaub?«

Damit der Plan nicht scheiterte, entschloss ich mich, ihr einen Teil der Wahrheit zu sagen. Ich erzählte ihr von Ava, denn über Ava zu sprechen fiel mir leicht. Anschließend berichtete ich von meiner

Sorge um Emi und von meinem Verdacht, dass Berenices Frauchen Emi Nachrichten schickte, mal aufs Handy, mal auf den Computer. Berenice erklärte mir, dass ihr Frauchen Caja hieß. Und dann schilderte ich ihr unseren Plan, den Teil, bei dem sie uns helfen sollte.

»Ich soll also für dich spionieren«, sagte Berenice, als ich meine lange Rede beendet hatte.

Ihre grünen Augen waren jetzt schmale Schlitze, und ihre Nase zuckte irgendwie beunruhigend, als wolle sie etwas erschnuppern. OliverTwist hatte mich gewarnt: Katzen wittern Lügen. Doch das Einzige, was gelogen war, war das mit dem Urlaub. Alles andere entsprach der Wahrheit. Konnte man ganz kleine Lügen auch wittern?

Ich müsse herausfinden, was Caja an Emi schrieb, erklärte ich.

»Wozu? Was würde das helfen?«, fragte Berenice.

Da war was dran. Bis dahin war mir der Plan genial vorgekommen, aber auf einmal kamen mir Zweifel. OliverTwist und ich hatten kaum darüber gesprochen, was wir mit diesem Wissen anfangen wollten. Oder hatte OliverTwist schon einen Anschlussplan?

Da fiel mir etwas ein, das Héctor oft sagt: *Piano, piano si va lontano*, das ist Italienisch und heißt so viel wie: *Wer langsam geht, kommt auch ans Ziel.*

Inzwischen war auf dem Mäuerchen keine Sonne mehr. Das Haus wirkte düsterer denn je, und mir wurde angst und bange bei der Vorstellung, die Nacht dort verbringen zu müssen. Bisher hatte ich mich voll und ganz auf meinen Auftrag konzentriert, aber jetzt roch ich wieder die toten Grillen, die Asseln, die Spinnen, die Kakerlaken und das Kakerlakengift, die Ratten und das Rattengift, alles, was ich gewittert hatte, als ich zum ersten Mal hier vorbeigekommen war.

Ich wollte nur noch weg.

Dabei war der entscheidende Punkt des Plans, dass ich dortblieb, damit Ava und Héctor dachten, ich hätte mich verlaufen, und mich suchten. Sobald ich alles in Erfahrung gebracht hatte, würde ich Oliver-Twist verständigen und er würde die beiden zu dem Haus und dem Mädchen führen.

Der Plan war uns perfekt vorgekommen. Wobei Pläne oft perfekt scheinen, bis sich herausstellt, dass sie es nicht sind.

»Wie ging noch mal die Geschichte von der Dichterin, die hundsmiserabel gesungen hat?«, fragte die Katze Berenice und bedeutete mir, ihr zu folgen.

Ich schluckte meinen Stolz hinunter. Jetzt konnte ich keine Diskussion darüber anfangen, wie man Menschen bezeichnen sollte, die schief singen.

Ich war der Katze Berenice gerade ins Haus gefolgt, da kam auch Caja nach Hause und ging sofort in ihr Zimmer. Berenice führte mich in die Kammer mit den Fledermäusen, von der OliverTwist erzählt hatte. Ich erkannte sie sofort am Geruch und an der zusammengerollten Matratze.

»Am besten versteckst du dich hier. Vor ein paar Wochen war ein anderer Hund da, der hat sich auch hier versteckt«, sagte die Katze.

Und OliverTwist dachte, niemand hätte ihn bemerkt!

In Berenices grünen Augen funkelte etwas, das vielleicht nicht Hinterhältigkeit war, aber etwas ganz Ähnliches. »Mal sehen, was ich für dich und dein altes Frauchen tun kann. Wenn es um dein junges Frauchen ginge, würde ich dir nicht helfen, aber was du mir von Ava erzählst, gefällt mir. Vielleicht ergibt

es sich, dass ich mal ihre Stimme hören kann. Eine Beschützerstimme ist etwas sehr Kostbares. Mein altes Frauchen hatte auch eine Beschützerstimme. Früher.«

Weg war sie. Es gibt nichts Ärgerlicheres, als wenn jemand etwas nur halb erzählt.

Bevor Berenices schwarze Schwanzspitze durch die angelehnte Tür verschwunden war, bevor sie mich dem Fledermausgestank überließ, sagte sie noch: »Das erzähle ich dir ein andermal.«

»Wann?«, wollte ich fragen, aber da war die Schwanzspitze auch schon weg.

25

Der Gestank brannte mir in den Augen. Ich stellte mir vor, eine Fledermaus könnte von der Decke heruntersegeln und gegen mich prallen. Mit dieser Angst hatte mich Emi angesteckt. Héctor hatte ihr immer wieder erklärt, dass Fledermäuse einen Radar haben, der ihnen Hindernisse anzeigt, sodass sie ausweichen können. Aber Fledermäuse sind blind. Wenn ich blind wäre, würde ich überall dagegenprallen.

Jedes Mal, wenn mir die Augen zufielen, verfolgte mich die Vorstellung, dass eine fliegende Ratte auf mir landen würde. Noch eine ganze Weile vernahm ich eine Stimme, die wahrscheinlich der Großmutter gehörte, das Quietschen einer Ofentür, das Klappern von Tellern und Besteck, das aus einer Schublade oder einem Schrank genommen wurde, Gesprächsfetzen, fließendes Wasser, später, in die Stille hinein, das Klappern und Klirren, als jemand abwusch und das Geschirr ins Abtropfgestell auf der Spüle stellte.

Diese Geräusche kannte ich gut und bekam Heimweh. Hunger bekam ich allmählich auch, und mit einem Mal fand ich unseren Plan albern. Mein Mut, auf den ich so stolz gewesen war, erschien mir plötzlich dumm und sinnlos.

Ich weiß nicht, wie spät es war, als ich beschloss, mich im restlichen Haus umzuschauen. Bis auf das Kratzen und Fiepen der Fledermäuse war es ganz still.

Ich schlüpfte durch die angelehnte Tür und ließ mich von einem köstlichen Geruch zur Küche führen. Der Bratenduft, der aus dem Ofen kam, war das Verlockendste, was ich seit Jahren gerochen hatte. Ein Wunder, dass er nicht bis in die Kammer geweht war, beziehungsweise ein Beweis, dass Fledermausgestank stärker ist als Glückgerüche. Auch ohne den Braten genauer anzusehen, wusste ich, dass darin

einer dieser saftigen Knochen steckte, die mir immer Freudentränen in die Augen treiben.

Ich vergaß Emi, Caja, OliverTwist, Berenice und alle Katzen, Kinder, Großmütter und Großväter der Welt. Alles, was ich wollte, war dieses Fleisch, den Knochen, den himmlischen Saft.

Und da lag das Stück Fleisch in einem Bräter und schmorte vor sich hin. Ich betrachtete es, als wäre das Fenster in der Ofentür ein Fernseher.

Aber wie ließ sich die Tür öffnen? Ich konnte an nichts anderes mehr denken.

Als ich die Lösung hatte, musste ich über mich selbst den Kopf schütteln. Dass ich etwas so Offensichtliches übersehen hatte, wurmte mich. Das Geschirrtuch hing für jeden sichtbar über dem Türgriff, aber ich hatte nur Augen für das Fleisch gehabt.

Ich packte das Tuch mit den Zähnen und zog daran. Die Tür rührte sich nicht. Ich zog stärker, bis mir die Zähne wehtaten. Irgendwann gab die Tür nach und klappte quietschend auf. Vor mir lag der köstlichste Braten des Universums.

Vor lauter Gier dachte ich nicht daran, dass alles heiß sein würde, der Ofenrost, der Bräter, die Innenseite der Tür, alles, was ich berühren würde. Ich bemerkte nicht mal die Dampfwolke, die aus dem Ofen quoll, sondern stellte die Pfoten mit der weichen, empfindlichen Unterseite auf die offene Tür, und bevor ich begriff, woher der entsetzliche Schmerz kam, heulte ich verzweifelt auf.

Im Nu war ich umzingelt von einer erschrockenen Großmutter, einem genauso erschrockenen Mädchen, einem drohend geschwungenen Besen sowie einer schwarzen Katze, die mich von der Tür aus ansah, als wäre ich der dümmste Hund, dem sie je begegnet war.

Ich konnte ihr nur zustimmen.

26

»Ein Vallhund, *Mormor!* Ein Vallhund!«

Die Großmutter ließ den Besen sinken und schmunzelte. »Wenn deine Mutter ihn doch bloß sehen könnte«, sagte sie, und der Geruch von bitterer Zitrone überdeckte sogar den Bratenduft.

Nachdem Caja mich betrachtet hatte, als wäre ich das wunderbarste Wesen des Weltalls, nahm sie meinen Kopf in die Hände und sah mich von ganz nah an – als wollte sie meine Pupillen als Spiegel benutzen. Ihre Augen schwammen im Wasser und gleich würde sie mich in diesem Wasser baden.

»*Mormor*, können wir den behalten?«

Die Großmutter zog sich einen Stuhl heran und setzte sich. Berenice sprang ihr auf den Schoß. Beide sahen mich lange an. Irgendwann nahm die Großmutter die Brille erst ab und setzte sie dann wieder auf. Berenice leckte sich über die Vorderpfote und fuhr sich damit über die Augen.

Ich war so verblüfft, dass ich mich nicht rührte. Meine Pfoten brannten, aber Caja kannte sämtliche Stellen, wo ich am liebsten gestreichelt werde. Der bittere Zitronengeruch war einem süßen Duft nach purem Vergnügen gewichen. Hatte mich Caja etwa gar nicht wiedererkannt?

»Er gehört einem Mädchen aus meiner Schule«, sagte sie, als könnte sie meine Gedanken lesen.

»Bestimmt ist er von zu Hause weggelaufen«, sagte die Großmutter. »Wir müssen ihn zurückbringen.«

Caja wurde starr wie eine Steinfigur. »Nein, *Mormor!* Jetzt gehört er mir. Und er heißt Lars.«

Die Großmutter schloss die Augen. Berenice hatte die Augen auch geschlossen, bewegte aber den Schwanz hin und her. Offenbar war sie gespannt, wie das Gespräch ausging. Ich hatte immer noch keinen blassen Schimmer, was hier eigentlich los war.

»Sein Frauchen wird ihn vermissen«, sagte die Großmutter schließlich.

»Sein Frauchen ist eine blöde Kuh«, erwiderte Caja und fügte etwas hinzu, das ich nicht verstand.

Die Großmutter antwortete etwas, das ich ebenfalls nicht verstand.

Die unbekannte Sprache kam bei beiden eher aus der Kehle als aus dem Mund und ließ ihre Stimmen tiefer klingen, als sprächen sie durch ein Rohr.

Ich hätte Emi gern in Schutz genommen, aber Caja kraulte mich hinter dem Ohr, und sosehr ich auch knurren wollte, es gelang mir nicht. Berenice machte die Augen wieder auf und sah mich an wie einen Verräter. Dabei heißt es doch von Katzen, sie wären geborene Verräter.

OliverTwist sagt, das ist ihr größtes Geheimnis. Katzen bringen es fertig, in einem Haus zu bleiben, obwohl die Besitzer gestorben sind, genauso gut können sie aber zum Nachbarn ziehen, bloß weil es da besseres Fressen gibt. OliverTwist sagt aber auch, dass Katzen anders als wir und deshalb schwer einzuschätzen sind. Er meint, man müsste sie schon selbst fragen, aber dazu müsste man gut mit ihnen befreundet sein.

Caja öffnete den Kühlschrank und holte eine

Nuckelflasche heraus. Dann nahm sie mich auf den Arm, als wäre ich ein Welpe, und trug mich in ihr Zimmer. Wollte sie mir etwa das Fläschchen geben wie einem Baby? Es wäre in einem Zug leer!

»Godnatt«, rief sie noch in den Flur, bevor sie die Tür schloss.

Da machte ich eine schreckliche Entdeckung und wäre am liebsten auf Nimmerwiedersehen davongerannt. In der Ecke stand eine Schuhschachtel mit Löchern im Deckel. Caja nahm den Deckel ab. Um besser sehen zu können, sprang ich aufs Bett. Caja schimpfte nicht und schubste mich auch nicht runter. Das gefiel mir. Aber es wäre besser gewesen, sie hätte mich runtergeschubst, denn jetzt erkannte ich, was in der Schachtel war.

In einen weichen rosa Lappen gewickelt, mit einem grauen Gesicht voller Haare und Runzeln und schwarzen Ohren hockte dort ein Fledermausjunges. Seine Flügel waren angelegt, die winzigen schwarzen Knopfaugen weit offen. Es gähnte und streckte die Zunge raus, klein wie ein Rosenblatt, dann sperrte es das Maul weit auf. Caja nahm es aus der Schachtel und gab ihm das Fläschchen.

Der Vergleich mit dem Rosenblatt fällt mir aber erst jetzt ein, wo ich davon erzähle. Als ich das Fledermausjunge erblickte, sprang ich nämlich in hohem Bogen vom Bett, als hätte ich einen blutrünstigen Killervampir gesehen, und kratzte an der Tür, um rausgelassen zu werden.

»Nanu, Lars!«, sagte Caja lachend. »Hast du etwa Angst vor einem Baby?«

Da kam ich mir wie ein Feigling vor und stellte das Kratzen ein. Blöd, dass Caja nicht mitbekam, wie mein Herz wummerte! Nachdem sie der kleinen Fledermaus das Fläschchen gegeben hatte, zupfte sie vorsichtig erst am einen Flügel, dann am anderen. Sie klappte die Flügel auf wie zwei Fächer und schob sie wieder zusammen. Als das Fledermausjunge leise fiepte, erschrak ich zu Tode. Trotzdem schaute ich weiter zu, als hätte ich mein ganzes Leben bei Menschen verbracht, die Fledermäuse in durchlöcherten Schuhkartons aufziehen.

Caja setzte das Fledermausjunge wieder in die Schachtel und ging ins Bett. Dann tat sie dasselbe wie Emi früher, als sie klein war: Sie hob die Bettdecke an und klopfte neben sich auf die Matratze. Das war die

unwiderstehlichste Einladung, die ich mir vorstellen konnte. Ich kuschelte mich unter Cajas Decke. Nach und nach verlor das Haus seine Schrecken. Sogar meine Angst vor der Fledermaus verflog.

»Gefällt dir Lars, liebste *Mor?* Er ist ein Vallhund. Und er gehört mir«, hörte ich Caja noch leise sagen, bevor sie einschlief.

Caja war nachts unruhig, so wie Emi. Kaum war sie eingeschlafen, bewegte sie sich, als würde sie Fußball spielen. Ihre Beine unter der Decke schienen ein Eigenleben zu führen, und sie wiederholte mehrmals das Wort *Mor*.

Vor dem Einschlafen hatte sie ein Lämpchen mit einer künstlichen Kerzenflamme angeknipst, und die Flamme verströmte ein weiches, warmes Licht. Unter der Bettdecke war es dunkel, aber jedes Mal, wenn Caja im Schlaf losrannte, flatterte die Decke wie im Sturm, das Licht fiel herein und verschwand mit Cajas schläfriger Stimme wieder.

Weil meine Pfoten immer noch brannten, konnte ich sowieso nicht schlafen. Einmal lagen wir sogar beide aufgedeckt da. Die Decke war ein Knäuel zu Cajas Füßen und Caja strampelte wie wild. Alles landete auf dem Boden, auch ihr Kopfkissen. Sogar ich!

Als ich es mir auf der heruntergefallenen Bettdecke bequem machte, schlief ich endlich ein. Mitten im Traum zog jemand die Decke unter mir hervor und weckte mich. Es war die Großmutter, die alles wieder aufs Bett legte und ihre Enkelin gut zudeckte. Bevor sie ging, kraulte sie mich.

»*Godnatt*, Lars«, sagte sie.

27

Am glücklichsten macht es uns Hunde – nicht alle, aber die allermeisten –, wenn wir unsere Besitzer glücklich machen. Caja war nicht mein Frauchen, aber ihre Freude zu erleben, als sie aufwachte und mich vor ihrem Bett entdeckte, wäre für jeden Hund ein Geschenk gewesen.

Klar musste ich wieder zuschauen, wie sie die Fledermaus fütterte, aber davon abgesehen war sie an diesem ersten Tag sehr lieb zu mir. Beim Frühstück beachtete sie ihr Handy überhaupt nicht.

Apropos Handy: Dass ich eigentlich wegen der Sache mit den Nachrichten hergekommen war, fiel mir erst sehr viel später wieder ein.

Bevor Caja zur Schule aufbrach, band sie mir einen

Gürtel um den Hals wie eine Leine und führte mich durch den Garten. Dann stellte sie mir in der Küche eine Schüssel Wasser hin und setzte mir das Fleisch vor, das noch im Ofen war. Das ganze Stück samt Knochen und Saft und allem Drum und Dran! Wer denkt bei so einem Festschmaus noch an Probleme?

»Deine Besitzer sind bestimmt traurig«, miaute Berenice von der Tür aus hinterhältig, als es mir gerade am besten schmeckte, soll heißen, als ich den Knochen vollends abnagte. »Hast du gut geschlafen bei meinem Frauchen?«

In Katzensprache bin ich noch Anfänger, aber dass es in der Küche plötzlich nach Eifersucht roch, verstand ich auch so.

»Lass den Knochen«, sagte sie. »Wir stehlen uns lieber in Cajas Zimmer und sehen uns die Nachrichten auf ihrem Computer an.«

»Augenblick noch.« Ich konnte den Knochen unmöglich liegen lassen. Er schmeckte so köstlich, dass mein Gedächtnis wie leer gefegt war.

»Du Windhund!«

Ich tat, als hätte ich nichts gehört. Wenn jemand eifersüchtig ist, darf man ihn nicht so ernst nehmen.

Berenice sah mich reglos an, so reglos, dass sie einer ägyptischen Katzen-Hieroglyphe glich.

»Caja müsste eigentlich in Emis Jahrgangsstufe sein. Ist sie aber nicht, weil sie eine Klasse wiederholt«, fuhr Berenice fort. »Sie kann Emi nicht leiden, weil beide denselben Jungen mögen. Er geht in Emis Klasse und mag Emi lieber als Caja. Das weiß Emi aber nicht.«

Wenn die Katze Berenice Bescheid wusste, warum hatte sie es dann nicht schon früher gesagt? Ich riss das Maul so weit auf, dass der Knochen herausfiel.

»Dir ist der Knochen heruntergefallen«, sagte Berenice überflüssigerweise. »Ich kann dir die Nachrichten vorlesen. Wobei ich das ehrlich gesagt unnötig finde. Du hast doch erfahren, was du wissen wolltest, oder nicht? Da kannst du auch wieder nach Hause gehen.«

Ich hätte gern weiter den Knochen abgenagt, doch die Katze ließ mich nicht. Das Rätsel war gelöst und Berenice hatte recht: Welche Rolle spielte es jetzt noch, wie die Nachrichten lauteten?

Aber Neugier ist wie Hunger. Rechtzeitig mit Fressen aufzuhören, ist gar nicht so leicht. Obwohl ich keinen Hunger mehr hatte, hätte ich den Knochen trotzdem gern weiter abgenagt. Und eigentlich brauchte ich mir auch Cajas Nachrichten nicht vorlesen zu lassen. Ich wusste ja jetzt, dass Caja diejenige war, die an Emi schrieb, und dass es Gemeinheiten waren, weil beiden derselbe Junge gefiel und der Junge Emi lieber mochte. Dennoch wollte ich hören, was in den Nachrichten stand. Und vor allem wollte ich das Haus noch nicht verlassen.

»Der Inhalt der Nachrichten ist trotzdem wichtig«, sagte ich.

Die Katze Berenice machte wieder Schlitzaugen. Ob sie die Lüge witterte?

»Lilo! Lilo!«, rief da jemand.

»OliverTwist!«, bellte ich.

Die Katze Berenice sprang mit einem einzigen Satz zum offenen Oberlicht in der Wand zwischen Küche und Garten. Im selben Augenblick wurde mir klar, dass ich selbst nicht hinauskonnte. Anders ausgedrückt: Ich war so lange in dieser Küche eingesperrt, bis jemand die Tür aufmachte.

»Alles gut bei dir?«, bellte OliverTwist.

Ich sah ihn durchs Fenster, sein Gebell drang

durchs Oberlicht. Eine ganze Weile bellten wir hin und her und brachten einander auf den neuesten Stand.

»Schluss mit dem Gekläff!«, brüllte draußen jemand.

OliverTwist hatte es geschafft, in den Garten zu kommen, doch er hatte keine offene Tür oder ein offenes Fenster entdeckt, um ins Haus zu gelangen.

»Wie man sieht, hat Caja dafür gesorgt, dass du nicht weglaufen kannst«, bemerkte die Katze Berenice vom Oberlicht aus.

»Stimmt. Das Haus ist hermetisch abgeriegelt«, bellte OliverTwist.

Mein Hals war auf einmal wie zugeschnürt, als wäre ich angekettet, doch ich zeigte meine Angst nicht. Den Gefallen wollte ich der Katze nicht tun. Ich hätte schwören können, dass sie jetzt spöttisch grinste.

Ohne die leiseste Vorwarnung – aber hätte ich sie beobachtet, hätte ich sicher gesehen, wie sie sich duckte oder mit dem Schwanz peitschte – landete sie auf der Arbeitsplatte und sprang auf den Boden. Dann tat sie etwas, das ich auch gern können würde:

Sie lief zu der geschlossenen Küchentür, sprang daran hoch, hängte sich an die Klinke und stieß sich am Türrahmen ab. Die Tür schwang auf.

»Da staunst du, was?«, miaute sie, als sie ins Esszimmer huschte. »Aber ins Freie kommst du trotzdem nicht.« Damit verschwand sie hinter dem Vorhang.

Ich rannte sofort hinterher, stellte die Vorderpfoten auf die Fensterbank und rief OliverTwist zu: »Die Katze Berenice hat die Küchentür aufgemacht! Ich schau mich mal um. Komm mich abholen, wenn Caja nachher wieder da ist.«

OliverTwist verabschiedete sich mit kurzem Kläffen und lief davon.

»Bis heute Nachmittag!«, bellte ich ihm nach, aber sosehr ich mir die Nase auch am Fenster platt drückte, ich sah ihn nicht mehr.

Hochzufrieden erkundete ich den Rest des Hauses. Ich konnte ja nicht ahnen, dass der Nachmittag ganz anders verlaufen würde.

28

Als Erstes suchte ich das Zimmer mit den Flugzeugen und dem Bild von Amelia Earhart, das OliverTwist beschrieben hatte.

Es war leicht zu finden, denn der Zitronengeruch hing sogar im Flur davor, aber das Zimmer an sich hatte nichts Trauriges. Im Gegenteil, es war sehr hell. Die Holzflugzeuge schwebten in der Luft und Amelia Earhart mit ihrem wunderschönen Lächeln schien alles durch ihre Pilotenbrille zu betrachten.

An den Wänden hingen überall Landkarten – Karten von Orten, deren Namen ich nicht kannte – und auf einem Holzsockel stand ein antiker Globus mit aufgemalten Seeungeheuern in den Ozeanen.

Außer dem Pilotenfoto gab es noch andere. Eins

von einem Mädchen, das Caja sehr ähnlich sah und ein kleines Flugzeug in der Hand hielt. Und noch mehrere von demselben Mädchen in verschiedenen Situationen: in einem Park, auf einer hohen Rutsche, beim Schaukeln mit wehenden Haaren, dann noch eins, auf dem sie ein bisschen älter war und auf einem Trampolin stand, kurz vor dem Abspringen. Es war das höchste Trampolin, das ich je gesehen hatte. Auf einem weiteren Foto saß sie auf dem Rücksitz eines Doppeldeckers und winkte. Vor ihr saß ein ernst dreinblickender Mann, offenbar der Pilot.

Ich schaue mir gern Fotos an. Wir Hunde sehen auf Fotos meistens nicht gut aus. Vielleicht weil wir uns nicht gern fotografieren lassen? OliverTwist meint, auf Fotos sind wir hässlicher als in Wirklichkeit, weil wir ständig in Bewegung sind und das nicht gut rüberkommt. Aber ich kenne auch Hunde, die richtig posieren. Andere drehen im letzten Augenblick absichtlich das Gesicht weg oder bewegen den Kopf, damit das Bild unscharf wird. Oder sie strecken die Zunge raus und schneiden eine Grimasse. Da ist jeder Hund anders.

Die meisten Fotos von mir mag ich nicht, weil ich

mir darauf nicht gefalle. Fotos nur von meinem Gesicht mag ich schon, und auch welche, auf denen ich zwischen Menschen hervorschaue oder im Garten liege. Es gibt ein Bild von mir auf meiner Polsterinsel. Ava hat es gerahmt und ins Wohnzimmerregal gestellt. Dieses Foto gefällt mir sehr, weil ich darauf noch ein Welpe bin. Ich glaube, auch die Menschen mögen Bilder von sich selbst, als sie noch klein waren.

Nachdem ich die Fotos ausgiebig betrachtet hatte, gelang es mir, mit der Schnauze die Schranktür zu öffnen und mich zwischen die Schuhe zu zwängen. Im Schrank roch es nach Eiche, Mottenkugeln und ganz schwach nach Kind.

Der Geruch von kleinen Kindern hält sich sehr lange. In Emis Zimmer hängt er noch unter dem Bett und im Schrank. Manchmal riecht sogar Emi selbst wieder wie früher als kleines Mädchen, obwohl sie eigentlich längst wie ein großes Mädchen riecht.

In diesem Zimmer hatte der Zitronengeruch den Kindergeruch völlig überdeckt, nur im Schrank war er unverkennbar. Kindergeruch ist schwer zu beschreiben. Es steckt Sonne und ein bisschen Zucker darin, aber auch eine Spur Gänseblümchen, Pusteblumen und Marienkäfer. Natürlich riechen nicht alle kleinen Kinder gleich. Manche riechen nach Salz oder Wasser, andere leicht nach Pfeffer und geriebenem Käse. Aber ich als Hund weiß noch von Emi und anderen, wie glückliche Kinder riechen, und erkenne den Geruch auf Anhieb.

Mir fielen drei Brüder ein, die oft im Park waren,

drei dunkelhaarige Jungen, die ich gern mochte. Keine Ahnung, warum ich jetzt an sie denken musste: an den Ältesten mit den langen Beinen und dem schönen, ernsten Gesicht, das beim Lachen aufleuchtete, an den Mittleren, der schnell rennen konnte und manchmal ganz nachdenklich wurde, wenn seine Mutter ihn rief, und an den Kleinsten, der gerade erst laufen gelernt hatte und immer hinter den beiden anderen herwackelte. Der Kleinste hatte ein bisschen Angst vor mir, mochte aber die *Mauzis*, wie er die Katzen nannte.

Ich legte mich zwischen den Schuhen schlafen, denn bei der Erinnerung an den Park und die drei Jungen musste ich an Armando und Leo und Ava und Héctor denken und meine Stimmung trübte sich.

»Raus hier!«, weckte mich die Katze Berenice. »Die *Mormor* mag es gar nicht, wenn wir dieses Zimmer betreten. Ich wurde schon mehrmals ausgeschimpft, weil ich Haare auf der Bettdecke hinterlassen habe.«

»Wer ist die *Mormor?*«

»Die Großmutter. *Mormor* heißt *Großmutter* auf Schwedisch.«

»Und Vallhund?«

»Keine Ahnung. Aber bis Caja aus der Schule kommt, dauert es nicht mal mehr so lange, wie ein Vogel braucht, um vom Boden unter der Eiche im Garten bis zur fünften Astreihe zu fliegen. Wenn ich du wäre, würde ich mich wieder in die Küche begeben, bevor dich Caja dabei ertappt, wie du die Schuhe ihrer Mutter vollhaarst.«

»Die Schuhe ihrer Mutter? Das sind doch Kinderschuhe.«

»Die Schuhe ihrer Mutter, als sie ein Kind war«, entgegnete die Katze Berenice genervt, als wäre das ja wohl offensichtlich.

Eigentlich hatte sie mir das gar nicht verraten wollen, glaube ich, aber ganz sicher bin ich nicht. Ich wurde einfach nicht richtig schlau aus ihr. Mein Eindruck war, dass sie ihr Wissen gern für sich behielt.

»Die *Mor* von Emi war Pilotin«, fügte sie hinzu.

»Die *Mor?*«, wiederholte ich wie ein Dummkopf.

Doch die Katze Berenice lachte nur schnurrend und stolzierte mit aufgestelltem Schwanz hinaus. Sie bildete sich offensichtlich viel darauf ein, dass sie schwedische Wörter kannte.

29

Kaum hatte ich das Zimmer mit den Flugzeugen verlassen, flog die Haustür auf.

»Lars! Lars!«, rief Caja so laut, dass sie sogar der Wachmann an der Straßenecke gehört haben musste.

Ich spüre immer lange im Voraus, wann mein Frauchen nach Hause kommt. Diese Fähigkeit haben sowohl Hunde als auch Katzen, sagt OliverTwist. Ich warte gern an der Haustür oder am Zaun, um Ava, Héctor oder Emi schwanzwedelnd zu begrüßen. Wobei ich immer ein bisschen zweifle, ob sie wirklich gleich kommen. Besonders kurz vorher werde ich unsicher. Dann sehe ich mich selbst wie im Film, voller Vorfreude, und denke: Und wenn es diesmal nicht stimmt? Vielleicht bilde ich mir nur ein, dass sie gleich kommen! Vielleicht stehe ich da und wedle überglücklich mit dem Schwanz, und dann kommt niemand. Aber für mich gibt es eben kaum etwas Schöneres, als auf sie zu warten und sie mit Freudensprüngen zu empfangen.

An diesem Nachmittag jedoch hatte ich nicht nur nicht gespürt, dass Caja gleich kommen würde, sondern hatte auch irgendwie keine Lust, um sie herumzuspringen. Es gefiel mir nicht mehr, dass sie mir einen anderen Namen gegeben hatte. Sie hatte mich zu sich ins Bett schlüpfen lassen und mir den köstlichsten Knochen in der Geschichte aller Knochen vorgesetzt, und deswegen war ich auf die Idee gekommen, ich könnte mein Leben von jetzt auf gleich umkrempeln. Aber das war ein Irrtum gewesen. In Wahrheit konnte ich es kaum erwarten, nach Hause und in den Park zurückzukehren. Ich vermisste meine richtigen Besitzer und meine Freunde.

Caja holte einen ganz neuen weißen Lederknochen aus ihrem Schulrucksack und ließ mich daran schnuppern, während sie mich an meiner Lieblingsstelle hinter den Ohren kraulte. Ich wedelte halb-

herzig mit dem Schwanz, denn ich wollte sie nicht kränken. Sie war gut zu mir gewesen und tat mir leid.

Das war ein neues Gefühl. Im Park und bevor ich sie kennengelernt hatte, hatte ich sie blöd gefunden und sie hatte mir kein bisschen leidgetan. Wie sollte sie mir auch leidtun, wenn ich sie gar nicht kannte?

Manchmal hatte sie zwar nach vergammelter Zitrone und Hefe gerochen, aber darüber hatte ich nicht groß nachgedacht. Inzwischen fand ich sie nicht mehr blöd – höchstens ziemlich gemein zu Emi –, sondern spürte ihre Traurigkeit und ihre Sehnsucht nach Liebe.

Caja warf den Rucksack in den Flur und lockte mich in den Garten, damit wir mit dem Knochen spielen konnten. Ich ging mit. Vielleicht konnte ich ja fliehen!

Ich hatte genug erfahren, fand ich. Es war Caja, die Emi die Nachrichten schickte, und ich kannte sogar den Grund, wenn auch nur ungefähr. Andererseits würde sich nichts ändern, wenn ich mich jetzt aus dem Staub machte. Caja würde weiter Nachrichten schicken, Emi würde weiter leiden, und ich hätte nichts erreicht, außer meine Besitzer in Unruhe zu

versetzen und ein schwedisches Mädchen traurig zu machen.

Darum folgte ich Caja in den Garten und tat jedes Mal begeistert, wenn sie den Knochen warf. Ich schnappte ihn und brachte ihn zurück, nicht ohne vorher ein bisschen mit Caja darum zu rangeln. Mittendrin hörte ich plötzlich meine Freunde bellen. Armando und Leo standen mit den Vorderpfoten auf dem Mäuerchen und kläfften wie verrückt.

Wie ich mich freute, sie zu sehen! Ich lief zu ihnen, stellte meine kurzen Beine auf das Mäuerchen und kläffte wie verrückt zurück. Ich berichtete ihnen alles, und die Fragen und Antworten flogen nur so hin und her. Vor lauter Wiedersehensfreude sah ich das Rudel des Gassimannes nicht kommen, das ebenfalls in Gebell ausbrach.

Da war vielleicht was los! Der Gassimann riss an den Leinen und verteilte Klapse mit den Lederriemen.

»Aufhören! Leo, Armando – kommt sofort da runter!«

Er rief Befehle in alle Richtungen und es gab ein großes Durcheinander. Einfach herrlich!

Doch der Spaß konnte nicht lange gedauert haben, denn nun kamen Caja, der Wachmann und die Nachbarn angelaufen und stimmten in das Geschrei ein. Caja legte mir ihren Gürtel um den Hals und zerrte so kräftig daran, dass ich fast erstickte. Ich hustete und röchelte, bellte aber weiter. Da schlug sie mich ohne Vorwarnung auf die Schnauze und schleifte mich ins Haus. Obwohl ich kaum Luft bekam, bellte ich weiter.

Leo, Armando und alle anderen bellten sogar noch, als ich längst in der Küche war. Bestimmt hatte sie der Gassimann schon um die Ecke gezogen, denn ihr Gebell klang ganz fern.

30

Caja setzte sich auf einen Küchenstuhl und vergrub den Kopf in den Händen. Der Gegensatz zwischen dem Trubel gerade eben und der Stille in der Küche konnte einem fast Angst machen. Mir brannte noch die Schnauze.

Die Katze Berenice war zum Oberlicht gesprungen.

»Was für ein Krach, großer Tiger im Himmel!«, miaute sie.

Es war noch keine Stunde vergangen, da klingelte es.

Caja hob ruckartig den Kopf. Hefegeruch breitete sich in der Küche aus. Sie sah erst mich an, dann Richtung Haustür, dann wieder mich. Ihr Körper verströmte einen Dunst nach bitterer Zitrone, der sich mit dem Hefegeruch mischte, und sie hatte Tränen in den Augen.

Dann stieß sie den längsten Seufzer aus, den ich je gehört habe.

»Ach, Lars, Lars!«, sagte sie.

Ich folgte ihr zur Haustür, doch sie öffnete die Tür nur einen Spalt, damit ich ja nicht hinausschlüpfen konnte, und zog sie sofort hinter sich zu.

Leider war das Fenster neben der Haustür höher als das Esszimmerfenster und der Vorhang war zugezogen. Ich stupste ihn mit der Schnauze beiseite, aber wegen meiner kurzen Beine konnte ich ihn nicht offen halten und er fiel immer wieder zu.

Die Katze Berenice dagegen kam gelassen anstolziert, sprang mit einem anmutigen Satz auf die Fensterbank und war hinter dem Vorhang verschwunden. Wie stellte sie das bloß an?

»Wer ist da?«, fragte ich.

Berenice ließ sich so viel Zeit mit der Antwort, dass ich schon dachte, sie wolle ihr Wissen wieder mal für sich behalten.

»Der Wachmann«, ertönte es schließlich hinter dem Vorhang.

Ich hatte angenommen, es wären Ava und Héctor. Wahrscheinlich weil Caja so traurig aussah. Oder weil ich es mir wünschte.

Als Caja wieder hereinkam, hatte sie einen Zettel in der Hand. Den legte sie auf den Küchentisch, setzte sich wieder hin und starrte die Wand an.

Die Katze sprang auf den Tisch. »Du siehst gut aus auf dem Foto. Willst du wissen, was da steht?«, miaute sie mir zu, und ohne meine Antwort abzuwarten, begann sie vorzulesen. »*Ich werde vermisst. Ich heiße Lilo. Wenn ihr mich seht, ruft bitte die Nummer 154 3218 763 an. Mein Frauchen ist sehr traurig.*« Beim Lesen rieb sich Berenice an Cajas Arm, obwohl die sie gar nicht beachtete. »Ich kenne dein Frauchen. Ich habe sie in Cajas Computer gesehen. Auf dem Foto mit dir sieht sie aber hübscher aus. Da hat sie nicht so ein dämliches Gesicht.«

»Lilo?!« Caja starrte mich an, als hätte sie mich noch nie gesehen. »Wie kannst du Lilo heißen, wenn du ein Vallhund bist? Das ist kein schwedischer Name!«

Was hatte sie nur immer mit diesem Vallhund?

Caja machte sich einen Kakao, trank ihn aber nicht, sondern ließ ihn auf dem Tisch stehen, denn plötz-

lich hob sie mich hoch und trug mich in ihr Zimmer. Berenice lief hinter uns her. Als Caja die Tür hinter sich zuschlug, dachte ich schon, sie würde die Katze einklemmen, doch Berenice schlüpfte geschmeidig ins Zimmer.

Caja zog die Schreibtischschublade auf, holte einen roten Samtbeutel heraus und setzte sich damit auf den Boden. Sie schüttelte den Beutel, bevor sie mit geschlossenen Augen hineingriff. Ich versuchte anhand des Geräuschs zu erraten, was wohl darin war.

»Runen«, schnurrte die Katze Berenice, als könnte sie tatsächlich Gedanken lesen. »Das sind Steine, die einem sagen, was man tun soll, wenn man nicht weiterweiß. So wie ein Orakel.«

Caja zog einen länglichen Stein aus dem Beutel. Darauf war eine Art P oder ein umgedrehtes Fähnchen hineingeritzt. Caja drehte den Stein um, sodass er wie ein richtiges Fähnchen aussah, und rief: »Auf dem Kopf stehendes *Wunjo!*« Dann schlug sie ein Buch auf, das auf dem Schreibtisch lag.

»Sie schlägt nach, was ihr der Stein rät«, erläuterte die Katze Berenice.

»Man muss für seine Ziele kämpfen«, las Caja vor,

steckte den Stein wieder in den Beutel und setzte sich an den Rechner.

Die Katze Berenice sprang auf den Tisch, um mitzulesen, doch Caja schob sie mit dem Unterarm weg und hämmerte so wild auf die Tasten ein, als würde sie Schlagzeug spielen. Die Katze Berenice gab keinen Mucks von sich, sondern sprang wieder auf den Tisch. Sofort schubste Caja sie wieder runter. So ging das ein paarmal. Die Katze war unglaublich hartnäckig. Weil Caja sie immer unsanfter vom Tisch fegte, landete sie mit dumpfem Aufprall auf dem Boden, schüttelte sich aber nur kurz und sprang wieder hoch.

Nachdem sie es mindestens zehn Mal probiert hatte, bekam sie ihren Willen. Sie las, was auf dem Bildschirm stand, und sah mich dann vielsagend an, so nach dem Motto: Ich weiß etwas, das du nicht weißt, ätsch!

Nach einer gefühlten Ewigkeit miaute sie gedämpft: »Caja schreibt deinem jungen Frauchen und dein junges Frauchen antwortet ihr.«

»Was schreibt sie denn?«, winselte ich.

»Pssst!«, machte Caja verärgert.

»Was kriege ich dafür?«, fragte die Katze Berenice zurück.

Schwierige Frage. Wäre doch nur OliverTwist da gewesen! Gemeinsam wäre uns bestimmt etwas eingefallen. Womit konnte ich das Interesse dieser hartnäckigen, stolzen Katze wecken?

»Alles, was du willst«, winselte ich schließlich.

Berenice begann zu schnurren, sagte aber nichts.

»Was steht da? Bitte!«

»Ich arbeite nicht umsonst«, entgegnete die Katze.

»Das ist doch keine Arbeit!«

»Um dir mitzuteilen, was da steht, muss ich meine Stimmbänder anstrengen. Ich kann es genauso gut für mich behalten.«

Klack klackklack hämmerte Caja auf die Tasten ein und *plingplingpling* kamen Emis Antworten.

»Erzähl mir noch mal die Geschichte von der Dichterin Olga, die hundsmiserabel gesungen hat«, verlangte die Katze Berenice.

Ich schluckte meinen Stolz auch jetzt wieder runter und tat wie geheißen.

Berenice lachte und schloss die Augen, als könnte sie die Geschichte so noch besser auskosten.

»Bitte, bittebittebitte«, bellte ich. Wenn ich nur lange genug bellte, würde sie bestimmt nachgeben!

Da blitzte mich Caja wütend an. »Sei still, Lars, sonst sperre ich dich in die Kammer!«

In die Kammer! Zu den Fledermäusen! Erst da fiel mir das Fledermausjunge wieder ein. Es hockte still in seiner Schachtel. Ich dachte ganz fest an Oliver-Twist. Konnte er mir nicht per Gedankenübertragung einen Tipp geben, wie ich die Katze zum Reden bringen konnte?

»Ein Gedicht pro Monat!«, platzte ich heraus. »Ich lerne jeden Monat ein Gedicht auswendig. Die schönsten Gedichte der Welt und die trage ich dir dann vor.«

Wer behauptet, Gedankenübertragung sei Unsinn, soll mir bitte mal erklären, wo ich plötzlich eine Idee hernahm, die typisch für OliverTwist war.

Die Katze Berenice drehte die Ohren nach vorn und ihre Schnurrhaare standen ab wie Nadeln in einem Nadelkissen. »Abgemacht. Sie schreibt deiner Emi.«

»Das hast du schon gesagt.«

»Pssst!«, machte Caja.

Die Katze Berenice sprang vom Tisch und gab mir

ein Zeichen, ihr unters Bett zu folgen. Dort lagen viele Wollmäuse, und man hörte noch das *Klack Klackklack* und *Plingplingpling*, aber es war dunkler und die Augen der Katze Berenice funkelten stärker.

»Caja beschimpft dein Frauchen«, schnurrte sie, und als ahnte sie, dass ich etwas erwidern wollte, legte sie mir die Pfote aufs Maul. »Ich hätte es dir ja vorgelesen, aber wir Katzen benutzen keine Schimpfwörter.«

»Du hast vorhin gesagt, mein Frauchen hätte ein dämliches Gesicht«, entgegnete ich empört. Ich kann's nicht leiden, wenn jemand etwas von sich behauptet, das nicht der Wahrheit entspricht.

»Stimmt. Ich korrigiere mich: Wir Katzen sagen nicht grundlos Gemeinheiten. Dämlich ist zwar in gewissem Sinn ein Schimpfwort, aber kein endgültiges. Jemand kann manchmal ein dämliches Gesicht haben und manchmal nicht.«

»Was schreibt Caja Emi denn nun? Außer Beschimpfungen.«

»Dass niemand Emi mag, dass in der Schule niemand etwas mit ihr zu tun haben will, dass sie Manuel nicht gefällt.«

»Einem Manuel aus dem Park?«

»Einem Manuel aus der Schule. Das ist der Junge, der Caja gefällt. Und dem Emi gefällt. Das habe ich dir doch schon erklärt.«

»Aber was Caja da schreibt, stimmt doch gar nicht! Manuel hat Emi sogar gefragt, ob sie beim Fußball mitmachen will.«

»Wahrscheinlich stimmt überhaupt nichts von dem, was Caja schreibt. Aber dein junges Frauchen glaubt ihr. Sonst würde sie nicht weinen. Die Nachrichten sind alle so. Mit Wörtern, die wehtun.«

»Was denn für welche?«

»Ich gedenke nicht, sie zu wiederholen. Es sind Wörter, die wehtun.«

»OliverTwist sagt dasselbe«, bellte ich.

»Caja schickt Emi auch Wikingerflüche.«

»Wikingerflüche?«, fragte ich.

»Ich richte den Talisman gegen sämtliche Gnome und das kleine Erdvolk, damit sich alle verlaufen und du nicht mehr nach Hause findest.«

Bei der Vorstellung, ich würde mich verlaufen und nicht mehr nach Hause finden, entfuhr mir ein entsetzter Kläfflaut.

Da sprang Caja auf. »Jetzt reicht's aber!«, rief sie, bückte sich und zog mich unter dem Bett hervor. Ich jaulte, als hätte sie mir ein Messer in die Rippen gestoßen. »Schluss mit dem Gebell!«, sagte sie und legte mir wieder den Gürtel um den Hals.

Ich wehrte mich mit Zähnen und Klauen, aber es half nichts. Der Gürtel schnürte mir die Luft ab. Caja schleifte mich aus dem Zimmer, obwohl ich etliche Kilo wiege und mein Gewicht verdreifachte, indem ich alle Muskeln anspannte und mich in eine Steinfigur zu verwandeln versuchte.

Als wir am Zimmer ihrer Mutter vorbeikamen, lockerte sich Cajas Griff ein bisschen – warum auch immer. Ich konnte mich losreißen und hineinflitzen.

»Lars!«, schrie Caja, aber ich war schon im Schrank verschwunden. »Komm sofort da raus!«

Ich verbarg mich zwischen Kleidern, Schuhen, Mänteln und irgendwelchen Tüten. Lauter Sachen von Cajas Mutter.

Caja zerrte an meinen Beinen. Das tat weh und ich bekam Angst, denn Caja kam mir plötzlich riesengroß vor wie ein Raubtier.

Da tat ich etwas, wofür ich mich heute noch

schäme. Es war das allererste Mal, Ehrenwort, und es wird hoffentlich nie wieder vorkommen: Ich biss zu.

Caja kreischte laut, als hätte ich ihr irgendwas abgebissen. So schlimm konnte es gar nicht sein, aber das entschuldigt nicht, was ich getan hatte. Man sah die Abdrücke meiner Zähne auf ihrer Hand, und sie weinte so bitterlich, dass ich einen Schreck bekam.

»*Moooooorrr*«, wimmerte Caja und rollte sich auf dem Fußboden zusammen, sodass sie auf einmal ganz klein war.

Es wäre mir lieber gewesen, sie hätte weiter herumgekreischt, aber stattdessen schluchzte sie zum Steinerweichen. Vor lauter Zitronengeruch bekam ich kaum noch Luft. Der Geruch brannte mir in den Augen und auf der Zunge, als hätte ich ihn aufgeleckt. Eben noch war mir Caja riesig vorgekommen, jetzt erschien sie mir auf einmal winzig. Als wäre sie in Wahrheit immer so klein, auch als sie wütend und groß gewesen war.

Mein Ärger verflog. Noch nie hatte ich jemanden so weinen sehen. Mir wurde zum ersten Mal klar, was es bedeutet, ein gebrochenes Herz zu haben.

Aber war Cajas Herz gebrochen, weil ich sie gebissen hatte? Wahrscheinlich war sie dadurch nur daran erinnert worden, dass es gebrochen war. So wie wenn man den Schorf von einer frischen Wunde entfernt und sie wieder blutet.

Ja, so musste es gewesen sein. Ich war der Grund, dass Caja sich an etwas furchtbar Trauriges erinnert hatte, und das bedrückte mich.

31

Wie lange Caja weinte, kann ich nicht sagen. Zeit ist etwas Seltsames: Wenn man sich wünscht, dass etwas schnell vorbeigeht, zieht sich die Zeit in die Länge.

Irgendwann schlief Caja auf dem Fußboden ein. Ich legte mich daneben und kuschelte mich an sie, und sie legte im Schlaf den Arm um mich und drückte mich an sich. Ab und zu schüttelte sie sich vor Schluchzern, die in ihr stecken geblieben waren.

Nach einer Weile kam die Katze Berenice herein und musterte uns mit unergründlicher Miene. »Ich muss es dir doch erzählen«, miaute sie. »Eigentlich wollte ich es für mich behalten, weil ich Sachen sammle, die nur ich weiß. Aber in diesem Fall muss ich eine Ausnahme machen.«

Anschließend schwieg sie so lange, dass ich schon dachte, sie hätte es sich anders überlegt.

»Uff«, machte sie dann. »Soll ich oder soll ich nicht?«

»Erzähl!«, sagte ich.

»Ich weiß nicht ...«

Am liebsten wäre ich ihr an die Gurgel gesprungen, aber Héctor sagt immer, Geduld ist eine Tugend. *Piano, piano* und so weiter. Und wie hätte ich Berenice auch zum Reden bringen können? Sie trippelte im Kreis um uns herum, als wollte sie uns von allen Seiten fotografieren. Caja schluchzte wieder im Schlaf.

»Cajas Mutter ist bei einem Autounfall gestorben«, sagte Berenice.

Dann verstummte sie wieder, und ich rückte ein bisschen von Caja ab, um sie besser sehen zu können.

Ihr Gesicht war nicht mehr verzerrt, die Augen waren geschlossen und die Stirn war glatt. Oben, wo sich die Stirn am Haaransatz wölbt, hatte sie feine

goldene Härchen. Ich hätte gern daran geschnuppert, um festzustellen, wonach sie gerade roch, aber ich wollte sie nicht wecken.

»Manchmal passiert etwas Schreckliches und manchmal passiert etwas Schönes. Caja hatte das Pech, dass ihr etwas Schreckliches passiert ist«, sprach die Katze weiter. »Cajas Mutter war Pilotin. Ihr bloßer Anblick machte einen glücklich. Das ging allen so. Caja vermisst sie so sehr, dass sie manchmal nicht weiterweiß.«

»Und was ist mit Cajas Vater?«

»Die Eltern waren getrennt. Mehr weiß ich nicht, nur dass der *Far* in Schweden lebt. Ich glaube, der *Farfar*, der *Far* der Mutter, war Argentinier und deshalb lebt die *Mormor* hier in Argentinien. Cajas Mutter ist auch hier geboren, glaube ich.«

»Wer sind *Far* und *Farfar?*«, unterbrach ich sie.

Die Katze Berenice machte ein Gesicht, als wollte sie sagen: *Muss man dir denn alles erklären?*

»*Far* heißt Vater und *Farfar* heißt Großvater. *Mor* heißt Mutter und *Mormor* Großmutter. Als Cajas Mutter verunglückt ist, wollte der *Far*, dass Caja zu ihm nach Schweden zieht, aber sie wollte nicht. Sie

fühlte sich bei der *Mormor* hier in Argentinien wohl. Und der *Far* hatte eine neue Familie.«

Wie kompliziert das war!

»Caja sieht ihren *Far* in den Ferien«, fuhr die Katze Berenice fort. »Caja ist wütend auf ihn. Sie ist todtraurig, aber auch voller Wut. Und sie hat Angst, denn wenn einem etwas Schreckliches passiert, bekommt man Angst.«

Was Berenice erzählte, machte auch mich sehr traurig. Auf einmal war ich bereit, bei Caja zu bleiben, um sie glücklich zu machen. Ich hatte mich wieder an sie gekuschelt, weil ich ihr nah sein und ihr von meiner Wärme abgeben wollte. Ich spürte an meiner Flanke, wie ihr Herz klopfte.

Als die Großmutter hereinkam, fand sie uns drei so vor. Die Katze Berenice lief sofort zu ihr und rieb sich an ihren Beinen, und die Großmutter bückte sich und streichelte sie. Es war, als hätte die Großmutter alles begriffen, ohne dass es ihr jemand erklären musste, denn sie beugte sich mit betrübtem Gesicht über ihre Enkelin.

32

Diese Nacht war fast so merkwürdig wie die Nacht, nachdem Ava ins Krankenhaus gekommen war. Die Großmutter trug Caja in ihr Zimmer und legte sie ins Bett, ohne dass sie aufwachte.

Stunden später, ich weiß nicht, um wie viel Uhr, wurde Caja wach und machte Licht.

»Lars!«, sagte sie, als wäre sie überrascht, dass ich noch da war. »Ich hab geträumt, du wärst weg. Im Traum hab ich viel geweint.«

Sie sah mich lange an. Es war ganz sonderbar, denn sie sagte nichts mehr und streichelte mich auch nicht. Stattdessen setzte sie sich hin, kreuzte die Beine und streichelte die Katze Berenice. Die Katze genoss das sichtlich und sah mich mit geschlitzten Augen an.

Cajas Arm und Hand bewegten sich streichelnd, und Berenice stupste sie sachte mit dem Kopf an, damit sie nicht aufhörte. Davon abgesehen hätte man die beiden auf dem Bett für Steinfiguren halten können.

Nach einer Weile stand Caja auf und ging hinaus. Sie kam mit dem Fläschchen zurück, fütterte das Fledermausjunge, zupfte ihm die Flügel auseinander und setzte es wieder in seine Schachtel.

Diesmal gruselte ich mich nicht mehr so sehr. Ganz weg war die Angst zwar nicht, aber die runden Knopfaugen der kleinen Fledermaus gefielen mir sogar ein bisschen.

»Wenn diese Maus nicht solche Gummiflügel hätte, hätte ich sie längst gefressen«, sagte Berenice.

Caja sah mich wieder stumm an, aber diesmal im Stehen.

Beklommen klopfte ich mit dem Schwanz auf die Matratze, damit sie sich wieder hinlegte. Ich war hundemüde, wollte aber nicht einschlafen, solange mich ein schwedisches Mädchen mit großen Augen ansah und dabei nach bitterer Zitrone roch.

»Was ist mit deinem Frauchen los?«, wandte ich mich winselnd an Berenice.

»Sie überlegt.«

»Das sehe ich selber, aber *was* überlegt sie?«

»Ich bin eine Katze, keine Hellseherin.«

»Entschuldige«, sagte Caja plötzlich. »Entschuldige, entschuldige, entschuldige, entschuldige, entschuldige, entschuldige, entschuldige, entschuldige, entschuldige, entschuldige, entschuldige, entschuldige.«

Jedes Mal, wenn sie *entschuldige* sagte, hielt sie einen Finger hoch. Keine Ahnung, wie oft sie es wiederholte, aber ich war kurz davor loszujaulen. Ich hatte ihr doch schon verziehen!

»Ich war total wütend«, erklärte sie. »Das passiert mir manchmal. Ich werde so wütend, dass ich ausraste.«

Ich hätte ihr sagen können, dass es immer hilft, auf etwas herumzukauen, aber Tischbeine oder Hausschuhe hatten Emi auch nie interessiert. Anscheinend finden Mädchen keinen Geschmack am Herumkauen.

»Was bist du lieber: wütend oder traurig?«, fragte Berenice.

Gute Frage. Ich dachte daran, wie mich OliverTwist

verlassen hatte. Da war ich erst traurig gewesen und dann wütend.

»Keins von beiden«, antwortete ich.

Berenice ließ sich nicht beirren. »Aber wenn du dich entscheiden müsstest, was wärst du dann lieber?«

»Und du?«

»Ich bin gern traurig, wenn ich traurig bin, und wütend, wenn ich wütend bin.«

»Könntet ihr bitte leise sein? Die *Mormor* schläft«, sagte Caja.

Sie machte den Computer an. Auf einer Seite des Bildschirms war ein Kreis mit einem Foto. Auf einmal wurde das Foto groß und ich erkannte Emi. Als ich sie sah, vermisste ich sie auf einmal schrecklich. Beinahe hätte ich vor lauter *Vermissen* losgejault.

Caja betrachtete das Foto eine ganze Weile. Ihre Miene war ernst. Todernst. Und sie roch nach alter Zitrone, nach uralter Zitrone. Dann tippte sie eine Nachricht. Keine sehr lange. Als sie fertig war, machte sie den Rechner wieder aus.

»Was hat sie geschrieben?«, wandte ich mich an die Katze Berenice.

»Sag ich dir nicht«, gab sie zurück, und ich hätte schwören können, dass sie hinter ihren abstehenden Schnurrhaaren hämisch grinste.

Wieder sah mich Caja von ihrem Drehstuhl aus lange an. Dann schlüpfte sie ins Bett, hob die Decke an und klopfte auf die Matratze.

Ich sprang sofort zu ihr hinein. Es reichte mir, dass sie mich so ansah!

»Es ist grässlich, wenn man wütend ist«, sagte sie.

»Wenn man traurig ist, auch«, entgegnete ich und leckte ihr den Arm.

Vielleicht verstand sie mich, denn beim ersten Lecken schmeckte ihre Haut noch nach alter Zitrone, beim zweiten schon nach Vanille mit Zitrone, beim dritten nur noch nach Vanille und beim vierten nach Vanille mit Schokolade.

»Du bist der schönste Hund der Welt«, sagte Caja.

Ich rollte mich an ihrer warmen Flanke zusammen und schlief ein. Und sie ebenfalls.

33

Am nächsten Tag ging Caja nicht zur Schule. Sie aß das Frühstück, das ihr die Großmutter mit einem Zettel in die Küche gestellt hatte. Nachdem Caja den Zettel gelesen hatte, drückte sie einen Kuss darauf und steckte ihn ein.

Dann gingen wir in den Garten. Der ist groß und hat sogar eine Schaukel. Vorher hatte ich mich vor dem Garten gefürchtet, aber jetzt nicht mehr. Wenn man die Dinge kennt, sieht man sie anders. Caja nahm mich sogar mit auf die Schaukel.

Anschließend spielten wir Stöckchen holen, bis ich nicht mehr konnte. Das war mir noch nie passiert. Sogar Héctor, der eine unendliche Geduld hat, wird früher müde als ich.

Kurz vor Mittag – das ist nur eine Schätzung, denn wir Hunde besitzen keine Uhren, aber die Sonne stand hoch am Himmel und beschien nicht nur das Mäuerchen – holte Caja ein großes Brett, legte es unter den Bäumen ins Gras und rief: »Fertig zum Entern, mein treuer Lars!«

Meine Freude glich der Brandung am Strand. Sie fiel über mich her wie schäumende Wellen und warf mich um. Die Erinnerung an den Vormittag mit Emi am Strand war so stark, dass ich sogar das Meer zu hören glaubte. Begeistert kläffend sprang ich zu Caja auf den Kahn und kämpfte gegen die Piraten, verbiss mich in Holzbeine und riss Hakenhände aus. Caja lachte schallend über meine Luftbisse.

»Weiter so, mein tapferer Lars, so ist's recht!«, feuerte sie mich an und stieß Kriegsgeschrei aus.

Über unserem Spiel vergaß ich alles andere. An diesem Vormittag roch und schmeckte Caja nach süßen Keksen. Zum Mittagessen setzte sie mir ein saftiges Steak vor, das die Großmutter bestimmt nicht für mich gekauft hatte. Während ich fraß, schaute sie mir zu. Plötzlich streichelte sie mir über den Kopf.

»Wenn dein Frauchen einen Hund wie dich hat, ist sie vielleicht doch keine blöde Kuh.«

Danach waren wir eine Weile in ihrem Zimmer. Ich schlief und Caja lag auf dem Bett und schrieb in ein rotes Heft, das sie aus der Nachttischschublade geholt hatte. Die Katze Berenice blieb draußen auf dem Mäuerchen in der Sonne liegen.

Ich hatte das Gefühl, dass sie eifersüchtig war, aber als ich sie danach fragte, sah sie mich an, als wäre das die blödeste Frage der Welt. Allerdings schlug sie mit dem Schwanz ein paarmal gegen das Mäuerchen. Das verriet mir, dass sie etwas verheimlichte. Mir konnte sie nichts vormachen!

Irgendwann am Nachmittag schrieb Caja einen Zettel und legte ihn zusammengefaltet auf die Arbeitsplatte in der Küche. Das gefaltete Papier klaffte ein bisschen auseinander und ich konnte ein Herzchen und das Wort *Mormor* in Großbuchstaben erkennen.

Caja schlang mir den Gürtel um den Hals und wir verließen das Haus.

Und wo gingen wir hin?

In den Park!

Leo und Armando waren außer sich vor Freude. Sie entdeckten mich vom anderen Ende des Parks aus und rannten so schnell wie noch nie. So schnell, dass sie nicht rechtzeitig bremsen konnten und Armando gegen mich prallte und sich in Cajas Gürtel verhedderte. Leo sprang mir ins Gesicht, und ich musste ihn zwicken, damit ich wieder etwas sah. Denn jetzt kam Emi auf mich zugerannt. Mit ausgebreiteten Armen. Eine strahlende Ava humpelte an Héctors Arm hinterher.

Leo und Armando bellten, ich solle mit ihnen spielen, aber ich war so glücklich über Emis Umarmung, dass ich mich nicht losreißen mochte. Ich hätte mich ewig so von ihr knuddeln lassen können – ich leckte ihr die Nase, das ganze Gesicht, und sie ließ es geschehen, so wie als kleines Mädchen bei unseren Spielen.

»Mein allerliebster Lilo, mein Lilolein, mein Liloleinchen, mein Schatz. Wo hast du bloß gesteckt? Ich hab dich sosososososososo lieb!«

Als Ava bei uns ankam, ließ Emi mich los, und es war, als würde sie Caja erst jetzt bemerken. Als würden *wir* Caja erst jetzt bemerken, denn ich hatte sie

total vergessen, obwohl sie die ganze Zeit neben uns gestanden hatte.

Emi machte ein Gesicht, als würde sie ihren Augen nicht trauen. Ich wüsste zu gern, wie Menschen in solchen Situationen entscheiden, was sie tun – ohne einander vorher zu beschnuppern.

»Du gehst auf meine Schule«, sagte Emi.

»Stimmt«, erwiderte Caja.

Sie sahen einander an, als müssten sie ihre Gedanken ordnen. Ja, das trifft es gut. Beide hatten bei ihren vorherigen Begegnungen einen Berg Gedanken angehäuft. Caja wusste außerdem, dass sie Emi gemeine Nachrichten geschickt hatte. Was Emi wohl über Caja wusste? Aber egal, was die beiden voneinander dachten, sie redeten zum ersten Mal miteinander und Caja gab Emi ihren Hund zurück.

»Danke«, sagte Emi. Es war ein aufrichtiges Danke aus tiefstem Herzen. »Ich wäre gestorben, wenn ich Lilo nie mehr wiedergesehen hätte.«

Weil ich ein Hund war, bekam ich als Einziger mit, dass Caja jetzt viel besser roch, als wenn sie wütend war oder Angst hatte. Seit gestern Abend roch sie besser als jemals zuvor.

»Wieso heißt ein schwedischer Vallhund Lilo?«, wollte Caja wissen.

»*Nej, nej*«, erwiderte Héctor, der offenbar Nein auf Schwedisch sagen konnte und auch wusste, was ein Vallhund ist. »Seine Mutter ist eine Schäferhündin und sein Vater irgendeine andere Rasse. Aber ...«, Ava und er sahen erst einander an, dann mich und lachten, »... du hast recht, er könnte ein Vallhund sein!«

»Ein schwedischer Vallhund. Unser kleiner Schwede.« Ava ging in die Hocke, um mich zu streicheln.

»Er ist wunderschön«, sagte Caja. »Meine Mutter hat diese Rasse sehr gemocht. In Schweden sind sie Hirtenhunde für Kühe. Sie sind gute Aufpasser und superintelligent.«

»Bist du Schwedin? Lebst du in Schweden?«, fragte Emi.

Caja nickte. »Ja, ich bin Schwedin. Ich bin in Schweden geboren, aber ich lebe nicht mehr dort.«

»Logisch, sonst würdest du ja nicht auf meine Schule gehen«, entgegnete Emi. »Caja ist ein schwedischer Name, oder?«

Caja nickte wieder.

»Das muss mit einem Eis gefeiert werden«, sagte Ava. »Isst du gern Eis, Caja?«

Und so gingen wir alle zusammen zur Eisdiele, als wäre es das Normalste auf der Welt. Unterwegs sahen sich Caja und Emi verstohlen an.

Ava versuchte ein Gespräch in Gang zu bringen. Sie forderte Emi auf, Caja etwas Bestimmtes zu erzählen, oder stellte Caja Fragen und sagte dann: »Wie schön, nicht wahr, Emi?« Doch Emi blieb stumm.

»Emi, erzähl Caja doch mal, wie du mit Lilo Sandokan gespielt hast«, sagte Ava.

Caja machte große Augen, schwieg aber ebenfalls. Allerdings rochen beide Mädchen jetzt nach Schokolade und gingen dicht nebeneinander.

Ob Caja Emi gestehen würde, dass die Nachrichten von ihr gekommen waren? Aber über so etwas mag man nicht reden, wenn man gerade nach Schokolade riecht. Nach der dritten Querstraße, kurz vor der Eisdiele, sahen Caja und Emi wie zwei Krebse aus, die sich gerade anfreunden. Da wäre es keine gute Idee gewesen, wenn Caja auf die Nachrichten zu sprechen gekommen wäre, begriff ich. Das konnte sie Emi nicht erzählen. Zumindest nicht jetzt.

Was würde wohl passieren, wenn Caja es Emi irgendwann doch erzählte? Dinge ändern sich, das ist nun mal so. Ich dachte wieder an OliverTwist und mich. Er war fortgegangen, als ich ihn am meisten gebraucht hätte, aber als er zurückgekommen war, hatte ich ihm verziehen.

Wenn Caja sich bei Emi entschuldigte, würde Emi ihr vielleicht auch verzeihen. Es war besser, wenn sie ein andermal darüber sprachen, und trotzdem war ich neugierig. Ich hätte gern gewusst, ob sie darüber sprechen würden oder nicht, ob Caja sich dann entschuldigen würde oder nicht, ob Emi ihr dann verzeihen würde oder nicht. Aber das lag alles in der Zukunft. Die Zeit würde es zeigen.

Beide gaben mir ein Löffelchen von ihrem Eis ab. Jetzt habe ich zwei Frauchen statt nur eines. Oder sogar drei, denn Ava gab mir ein Stück Waffel ab. Waffeln mag ich noch lieber als Eis.

Als wir in den Park zurückgingen, rannte mir wieder jemand entgegen, der sich über meinen Anblick freute und jede Menge Fragen hatte: OliverTwist.

»Du hast es geschafft, du hast es hingekriegt, es ist dir geglückt!«, rief er.

Ich wusste nicht recht, was er meinte, aber es stimmte schon – ich fühlte mich, als wäre ich einen Berg hochgekraxelt, stünde auf dem Gipfel und würde den Weg betrachten, den ich soeben erklommen hatte. Meine Müdigkeit passte jedenfalls dazu. Und meine Freude war bestimmt die gleiche wie bei jemandem, der Berge bestieg und sich dann umsah, wie hoch er geklettert war.

Irgendwann erzählte Caja, dass sie mich Lars genannt hatte. Lars sei ein schwedischer Name, und sie finde, er passe sehr gut zu mir.

»Lars«, wiederholte Emi, als würde sie ein Bonbon kosten. »Auch nicht schlecht, aber er hat schon immer Lilo geheißen.«

»Lars?«, wiederholte OliverTwist. »Lars. Lilo. Lilo. Lars. Lilolars. Lilolars.«

Das klang wie ein Lied. Vor lauter Freude drehte ich mit Leo und Armando ein paar Runden um die Schaukeln.

OliverTwist beobachtete uns, als würde er sich etwas einprägen, um es bei späterer Gelegenheit vorzutragen. Ich blieb neben ihm stehen, um zu verschnaufen. Meine Wut auf ihn war spurlos verflogen.

Das machte mich froh und ich sauste weiter um die Schaukeln herum.

Wenn das, was dann geschah, so kommen musste, war es der beste Augenblick dafür. Nach der zehnten Runde um die Schaukeln wälzte ich mich vor Wonne auf dem Boden. Sand klebte an meiner Schnauze und ich bellte übermütig. Jemand hatte noch gefehlt, und da war sie: Richtig, ich meine Muriel. Sie blieb wie angewurzelt stehen und sah mich an.

Auf einmal schauten alle mich an: Ava, Héctor, Emi, Caja, OliverTwist, Leo und Armando. Meine Freunde schauten mich an, weil sie wussten, was es für mich bedeutete, dass Muriel mich von vorn bis hinten und von oben bis unten sah. Weil ich ihnen nicht von unserer Begegnung auf der Straße erzählt hatte, dachten sie, es wäre das erste Mal. Warum mich meine Besitzer anschauten, weiß ich nicht, aber mein Anblick schien sie irgendwie glücklich zu machen. Ich – Lilo, Lars, Lilolars – schien sie glücklich zu machen. Etwas Besseres kann einem Hund nicht passieren.

Wahrscheinlich lag es an der Sache mit dem Vallhund, der ein Hirtenhund für Kühe und super-

intelligent ist, an Héctors und Avas Gesicht, an Emis Gesicht, das ich so mag, daran, dass Caja jetzt nach Schokolade roch, und an meinen Freunden, die sich wie verrückt freuten, dass ich wieder da war – wahrscheinlich lag es an allem zusammen und dann noch daran, dass ich es geschafft hatte, ein Gedicht auswendig zu lernen und mich mit einer Katze anzufreunden ... Jedenfalls schämte ich mich plötzlich nicht mehr für meinen großen Kopf und meine kurzen Beine.

Ich bellte Muriel zu, sie solle mit uns spielen. Sie wedelte mit dem Schwanz, machte einen Hüpfer und sah mich an, als würde ich ihr gefallen. Kläffend forderte sie mich zum Rennen auf. Wir rannten und rannten. Wir rannten um die Bäume herum, wir rannten um die Schaukeln herum, wir rannten um meine Lieblingsmenschen herum. Wir rannten und rannten, um zu feiern, dass wir glücklich waren.

Wir rannten, als würde unser Glück niemals enden.

Garland, Inés:
Lilo – Glück kann man schnuppern
ISBN 978 3 522 18603 2

Aus dem argentinischen Spanisch übersetzt von Ilse Layer

Gesamtausstattung: Maite Mutuberria
Einbandtypografie: formlabor
Innentypografie: Bettina Wahl
Zitat auf S. 85 von T. S. Eliot, *Old Possum's Book of Practical Cats*
mit freundlicher Genehmigung des Verlags Faber&Faber, London
Reproduktion: HKS-artmedia, Ostfildern
Druck und Bindung: Livonia Print, Riga

FSC
www.fsc.org
MIX
Papier aus verantwortungsvollen Quellen
FSC® C002795

Wenn die wilde Seite der Schüler erwacht …

M. Baumbach, I. Sönnichsen

Die Tierwandler 1:
Unser Lehrer ist ein Elch

192 Seiten · Gebunden
ISBN 978-3-522-18538-7

Merle und Finn sind baff: Sie werden vom Zwergschwein des neuen Lehrers für eine besondere Sport-AG ausgewählt! Das allein wäre schon merkwürdig genug, doch dann verrät ihnen Herr Olsson die eigentliche Sensation: Sie sind Tierwandler und können sich in Tiere verwandeln! Jedes Kind lernt nun, in seiner Tiergestalt unterwegs zu sein. Doch plötzlich passieren in der Schule merkwürdige Dinge, die ausgerechnet Herrn Olsson zur Last gelegt werden. Das können die Kinder nicht zulassen und das erste Abenteuer für die Tierwandler beginnt!

Lieblingsbücher fürs Leben.
www.thienemann-esslinger.de